Karl Gollmick

Auto-Biographie nebst einigen Momenten aus der

Geschichte des Frankfurter Theaters

Karl Gollmick

Auto-Biographie nebst einigen Momenten aus der Geschichte des Frankfurter Theaters

ISBN/EAN: 9783743641426

Hergestellt in Europa, USA, Kanada, Australien, Japan

Cover: Foto ©Thomas Meinert / pixelio.de

Weitere Bücher finden Sie auf **www.hansebooks.com**

Auto-Biographie

von

Carl Gollmick.

Nebst einigen Momenten

aus der

Geschichte des Frankfurter Theaters.

————

Drei Theile.

Frankfurt am Main.
Druck und Verlag von C. Adelmann.
1866.

Inhalts-Verzeichniß.

Erster Theil.

Zweiter Theil.

Dritter Theil.

Verzeichniß der verschiedenen Theaterphasen
zur Erleichterung des Auffindens.

Erster Theil.

Zweiter Theil.

Dritter Theil.

Errata.

Ludwig Spohr's erste Gattin war eine geb. Scheibler, nicht Schindler. Deren Töchter hießen Emilie und Ida. Siehe 1. Theil, Artikel L. Spohr.

Der Preis für die bei Schott herausgegebene deutsche Uebersetzung meiner „Regimentstochter" betrug 50, nicht 30 Gulden.

Auto-Biographie

von

rl Gollmick.

Zweiter Theil.

Einleitung zum zweiten Theil.

Daß ich nur solcher Personen Erwähnung that, die zu mir selbst in mehr oder weniger engen Beziehungen standen oder noch stehen, und ich mich daher in keine weiteren Beschrei= bungen einlassen kann, daß ich zu dem Vorhandenen nur Com= mentare liefere, habe ich bereits erwähnt, möchte aber noch ein= mal dringend daran erinnern.

Diese Erinnerung gelte namentlich meinem zweiten Theile. Der von mir erwählten sprungweisen Form zufolge glaube ich mit Guhr beginnen zu dürfen, obgleich ich mir in den Artikeln „Aristokratie der Eselsfelle" und ›Appen- dicula‹ (1r Theil, S. 118—122) bereits einige Vor= und Uebergriffe erlaubt habe. Eine durchgreifende Biographie dieses seltsamen Mannes ist, dem Plane meines Buches nach, nicht zu erwarten und verweise ich deßhalb auf die vielen Traditio= nen aus seiner Lebensgeschichte. Eine derselben entwickelte sich in Guhr's Nekrolog, den ich selbst direkt nach seinem Tode im Jahr 1848 geschrieben *).

Will ich aber darauf hinweisen, so unterwerfe ich mich einer schärferen Kritik, indem ich in meinen Mittheilungen dem Freunde

---

*) Bei Fr. Benj. Auffahrt in Frankfurt a. M.

allerdings etwas ungemeſſen Conceſſionen machte, und obgleich ich dem geneigten Leſer manches zu ahnen gab, ſo genügte es doch nicht um als völlige Wahrheit gelten zu können. Beſſer hätte ich allerdings gethan, wenn ich jüngeren Muſikdirectoren über Guhr's beſſere Art zu dirigiren nachahmungs= werthe Winke gegeben haben würde. Eine Unterlaſſungsſünde, welche im Laufe folgender Mittheilungen wohl noch zu verbeſ= ſern iſt.

Was die Aufſtellung älterer und neuerer Bühnenmitglie= der betrifft, ſo werden Wiederholungen nicht zu vermeiden ſein und für den bequemeren Ueberblick ſelbſt als nothwendig erſchei= nen. Auch kann dieſer Aufſtellung keine ängſtliche Genauigkeit zu Grunde liegen, da von dem Ab= und Zugehen einzelner Mitglieder ſpätere Beſetzungen abhängen, und deßhalb — wie wohl bei ſämmtlichen Theatern der Fall iſt — ein feſtſtehender Modus auf längere Zeit zu beſtimmen, kaum möglich ſein dürfte. Auch dieſes bitte ich gütigſt beachten zu wollen.

Vor Allem iſt als ſelbſtverſtändlich zu bemerken, daß inner= halb der 27 Jahre, in welchen ich mit Guhr verkehrt habe, noch vieles Andere in den Strudel der Begebenheiten mit hin= eingezogen wurde und, genau betrachtet, der größte Theil mei= ner Selbſtſchau mit dem Schluſſe dieſer Begebenheiten endet. Citate von Briefen, Gedichten, als zum Ganzen gehörend, da ich nebſt meinem T r a ch t e n auch mein D i ch t e n zum Gegenſtand meiner Verehrung gemacht habe, werden hoffentlich keine Stö= rung machen. Mit einiger Gewalt enthalte ich mich daher der Breite des Guhr'ſchen Artikels, hoffe aber um ſo mehr dem »non multa sed multam« zu genügen.

Carl Gollmick.

Carl Guhr.

(Nebst Fortsetzung der Hauptphasen aus dem Leben des
Frankfurter Theaters.)

O blicke nicht nach dem was jedem fehlt,
Betrachte was noch einem jeden bleibt.
Göthe.

Guhrs Uebersiedelung nach Frankfurt im Winter 1821 bil=
dete einen verhängnißvollen Abschnitt in seiner Carrière, wie
in der Geschichte unseres Theaters, da es sehr darauf ankam,
auf welchen Boden das Saamenkorn seines fruchtbaren Talents
fallen würde. Uebrigens waren für ihn die Umstände günstig,
denn sein Erscheinen fiel in die Periode des reichen Materials
blühender, von Spohr ästhetisch angebahnter Kräfte. Als Guhr
in dem rüstigen Mannesalter von 36 Jahren die Zügel der
Oper ergriff, agirte er mit folgendem Personal. Sänge=
rinnen waren: Die Damen Sabine Heinefetter, Lange, Wagner,
Cornega, Urspruch, Dobler und Hoffmann (die Tochter des
verstorbenen Musikdirektor Schmidt). Sänger: Die Herren
Hill, Leißring, Höffler, Krämer, Brauer, Kastner, Dobler, Ober=
meyer, Beer und Linker (damals Regisseur der Oper, und
zur Stunde noch im Theatrrbureau beschäftigt). Im Schau=
spiel wirkten: Weidner, Otto, Becker, Rottmeyer, Henkel, Ur=
spruch, Heigel, Hartig (Vater) und die Damen Lindner, Weid=
ner, Elmenreich, Betty Urspruch, Frau von Paczkowska und
Lindner (die Mutter). Hassel, der schon im Jahr 1813 seine

1*

erſten Verſuche bei der hieſigen Oper gemacht hatte, kam ſpäter
als Sänger von Mainz, löſte Obermeyer ab, wirkte gleich
Leißring in Oper, Schau- und Luſtſpiel und trat bald darauf
in die Fußtapfen von Lux, die er bis zu dieſem Augenblick noch
behauptet. Später traten hinzu: Herr und Madame Meck und
Meiſinger, die Herren Ludewig und Grahn, Ferdinand Löwe
(Vater der Sophia). Die integrirenden Mitglieder der Oper
beſtanden aus dem tüchtig fortſchreitenden Chor unter Nikolaus
Balbenecker und den Würdeträgern eines Orcheſters, deſſen Mehr-
zahl ich bereits in dem Artikel „Bernhard in Offenbach. Theil
1." angemerkt habe. Die Erſatzmänner für ſpäter und zeitweiſe
neu hinzugetretenen Mitglieder waren die Geiger: Muſikdi-
rektor Hoffmann (1811 von Paris gekommen und zuweilen
gleich Balbenecker kleinere Opern und im Schauſpiel dirigirend),
Nipſel der Aeltere, Bamberger (Vater der berühmten Canta-
tricen-Trias), Moritz Haupt. Cello: Nipſel (Sohn), Elsner (der
Vater). Letzterer früher bei Geige, Horn und Trompete fun-
girend; Lauſe, erſter, Döring, zweiter Hoboiſt (ſpäter berühmt
gewordener Novelliſt und Kritiker), Lindner (Fagott), Faubel,
Reinhardt, de Groot und Bretſchneider (Clarinetten), (in ver-
ſchiedenen kurzen Perioden gekommen und abgetreten) Ripper-
ger (Horn), Gentſch (Trompete), Antretter (Contrabaß), Gollmick (Paucke); Fräulein Arnold (Harfe). Haſemann — auch
geſchätzter Celliſt — und — Jokoby — zur Aushülfe auf Trompete — (Poſaunen). In Bezug auf Letzteren entnehme ich zur
Steuer der Gerechtigkeit folgende Notiz:

Joſeph (fälſchlich gewöhnlich Fritz) Jacoby, eines Frankfurter Bürgers Sohn kam, zum hieſigen Theater 1805, ſang
in der Zauberflöte und im Labyrinth (Fortſetzung der Zauberflöte von Göthe und Winter, und hier zum erſten Male ge-

geben am 30. März 1806) abwechselnd die drei Genien, 40—50
Jahre später den ersten Tenor der zwei geharnischten Männer,
wurde Chorist, Orchester-Mitglied, Kalkant, machte als Frei-
williger den Feldzug von 1815 und 16 mit, und feierte vor
mehreren Jahren bereits sein ungefeiertes 50jähriges Dienstju-
biläum. Ein erhabenes Beispiel von der Belohnung treuer
Dienste gehört wohl auch zu den Annalen des Theaters. Unter
dem bekanntlich so einsichtsvollen Regime des Herrn Roderich
Benedix erinnerte jener Knecht Jacoby an diese ein halbes
Jahrhundert dauernde Dienstzeit, worauf nicht einmal eine Antwort erfolgte. Nach wiederholter Mahnung hieß es endlich „die
jetzige Direktion sei für solche Belohnung zu neu." Eine vortreffliche Logik, und doch war es dieselbe Direktion, welche das
25jährige Dienstjahr zweier Herren Orchestermitglieder nicht
unbelohnt vorrübergehen ließ. . . . . Ich forderte ein hiesiges
Blatt auf, sich dieses besonderen Falles anzunehmen. Das
Manuskript wurd abgedruckt. Vergebens. Niemand bekümmerte
sich um den Greis, der trotz Gicht und Zipperlein jetzt noch
(im Jahr 1865) herumhumpelt und Pensionsfonds-Gelder
herumträgt; Rollen, die gewiß noch keiner zurückgewiesen hat.
In ein anderes aber günstigeres Stadium traten freilich die
Angelegenheiten Jakoby's, als im September 1865 derselbe
in der That sein 60. Jubiläum feierte oder vielmehr gefeiert
erhielt. Humaner als die frühere Direktion unter Benedix aber
verließ Herr von Guaita dem Greise alle Koncessionen, die
mit einem solchen Ehrentage verbunden sind, wobei sich unser
Chor in Festgesängen und anderen Zeichen der Collegialität
betheiligte.

Und nun zu unserem Guhr zurück, der mit Spontini's
Vestalin sein erstes Debut begann, und als er seinen Stab

nach der Ouverture niederlegte, sich stolz umschaute und ausrief: „Bravo meine Herren bei Ihnen braucht man nur den
Arm!" da hatte er schon Alles für sich. „Bei Ihnen braucht
man nur den Arm;" wahrhaftig, der Ausspruch eines Römers,
und doch war er schlau dabei wie ein Grieche, denn er wußte
mit welchem Orchester er zu thun hatte. Eine furchtbare Waffe
gegen ihn, wenn diesem Arm die Grazie gefehlt hätte, wenn
er weniger ein musikalischer Alcibiades gewesen wäre. Aber er
war doppelt schlau, denn er verstand den Ausspruch des Herrn
Leerse zu deuten: „Wir brauchen einen tüchtigen Musikdirektor
und keinen Komponisten." Und deßhalb auch Spohr's ironische
Prophezeihung „Guhr ist der rechte Mann für Frankfurt."

Und wie sich dieses bestätigt hat, zeigten seine Vorzüge und
seine Mängel, seine Talente und Verirrungen, sein reiches
Leben und sein armes Ende. Guhr's Lebensbaum hatte eine
klassische Aber, aber das Blut darin war zu dick und hatte
nicht die gehörige Cirkulation. War Stolz seine Gattin, so hielt
er sich daneben die Maitresse Selbstsucht und Eitelkeit. Ohne
diese gab es für ihn keine Tugend.

Man werfe nur einen Blick auf sein gelungenes Bildniß*)
und frage, ob wir das Wesen des ganzen Mannes nicht vor
uns haben?

Vor einem reich gezierten Teppich prangt das stattliche
Kniebild Guhr's mit der wahrscheinlich fehlerhaften Devise:

„Theuer ist mir der Freund, doch auch dem**) Feind kann ich
nützen; zeigt mir der Freund was ich kann, so lehrt mich der Feind
was ich soll.

---

*) Im Jahr 1846 in Frankfurt von J. Steinberger gemalt und
von Heister lithographirt.

**) Dem? muß wohl der Akkusativ sein?

Die mit einem funkelnden Brillantring gezierte linke Hand
ruht auf der geöffneten Partitur der Aulischen Iphigenie. Die
Rechte ist in die Seite gestemmt, als wenn er fragen wollte:
„Wer thut mir's nach?“ Ein silberner Kandelaber mit ge-
brauchten Kerzen zeigt, daß Guhr auch bei Nacht arbeitet.
Sein stattlicher, wie neu frisirter Kopf voll zierlicher Locken
zeigt eine offene Stirne, aber doch keine eigentliche Charakteristik
der Züge, weil sein Mienenspiel stets wechselt. Die breite Brust
ist mit emaillirten Tuchnadeln sattsam versehen, die Halsbinde
umschlingt ein improvisirtes Ordensband und an der Stelle
des Herzens strahlt die österreichische goldene Civil- und Ver-
dienst-Medaille mit Band. Die straffen Beinkleider dürfen kein
Fältchen werfen, und da dieselben nicht bis übers Knie reichen,
so kann man nicht wissen, ob nicht auch noch das »honni soit
qui mal y pense« darunter zu schauen ist. So steht der
Mann der Zeit vor uns und fordert sein Jahrhundert in die
Schranken. Daß wir ihm aber trotz solcher Widersprüche unsere
Bewunderung nicht versagen können, ist ein Vorrecht des Ge-
nies, das grade in seinen Fehlern sich oft am strotzendsten zeigt.*)
 Wir haben angemerkt, wie Guhr hauptsächlich bemüht war,
vorhandene Lücken bei seinem Opernpersonale auszufüllen oder
wenigstens das Unbedeutendere unschädlich zu machen, und es
ist bekannt, daß damals die Oper wie auch das Schauspiel
zu Kassel und Frankfurt zu den besten in Deutschland gehörten.
Daß er auch auf Letzteres einwirken konnte, wenn er wollte,
beweißt folgender Vorfall: Einst fand er die Klage gerecht=

---

*) Die Worte, welche mir Guhr unter ein Exemplar dieses Bil-
des schrieb, darf ich nicht vergessen: „Seinem alten Freunde Gollmick
zum Andenken an Karl Guhr, Kapellmeister.“

fertigt, daß unſer Schauſpiel auf lahmen Beinen wankte. Hier
raſch einzugreifen, in Perſon die Proben zu leiten, ſchmeichelte
ihm. Aber dieſer Fetisdienſt dauerte nicht lange. „Ach, weßhalb
verlaſſen Sie uns wieder, beſter Guhr?“ klagte die Lindner.
„Ich hab' es Euch gezeigt“ — antwortete er in ſeinem treffen-
den Lakonismus — „jetzt macht's nach!“

Geſchah es aus Indolenz, Politik oder war es ein ehrenwerther Zug von ihm, daß er, obgleich er das plein pouvoir
hatte, ſeine eigenen Opern doch niemals vordrängte *), kurz,
er folgte dieſem Zuge, und — wer mag beurtheilen ob er ihn
zu bereuen hatte? König Siegmar, 1819 in Kaſſel componirt, vertraute mir Guhr zur Umarbeitung an, und obgleich
dieſe Oper weit ſpäter hier mit einem Succès d'estime gegeben wurde, hatte ich doch wenig Dank davon. Ueberhaupt
iſt es eine alte bekannte Sache: Gefällt eine Oper, ſo fragt
man nichts nach dem Dichter, und mißfällt ſie, ſo iſt allein
das Buch daran ſchuld. In eine pikante Colliſion kam ich übrigens mit der berühmten Eliſe Bürger (die dritte Frau des
großen Dichters), mit welcher ich um den Preis einer Bear-
beitung des Alabin zu kämpfen hatte. Ein Umgang und Brief-
wechſel mit dieſer Frau und dem Schriftſteller Freyeiſen, war

---

*) Feodora, 1814 für ſeine Gattin Wilhelmine Epp geſchrieben;
Deodata 1815 zum Geburtstage des Kronprinzen, und die Veſtalin,
dem Kurfürſten gewidmet. Die Spontini'ſche Veſtalin war zur Feſt-
oper beſtimmt. Alles war pomphaft vorbereitet, als es dem Intendanten
einfiel, daß Spontini aus franzöſiſcher Schule war. In dieſer Ver-
legenheit, und die Zeit drängte, ſchrieb Guhr in wenig Wochen eine
neue Veſtalin, die von der Leipziger Kritik auch ſehr belobt wurde.
Das Weitere im Text. Auch von einigen Meſſen und Symphonien
ſpricht die Kaſſelauer Erinnerung.

das Einzige, was uns davon übrig blieb, denn — diese Wunder=
lampe wurde niemals angezündet. Elise Bürger, verarmt und
erblindet, starb 1833 zu Frankfurt a. M.

Mit welchem Ernst und Feuer er die klassische Oper an=
griff, ist bekannt, obgleich er in diesem Feuer z. B. die Mo=
zart'schen Ouverturen oft zu rasch, die Dynamik zu willkür=
lich nahm. Daß sein Gefühl für richtige Tempi nicht immer
stichhaltig sein konnte, bewies dann der Gegensatz, daß er man=
ches Tonstück auch wieder zu schleppend nahm, wie z. B. die
ganze Jessonda. Erwägt man dabei, daß Spohr ohnehin kein
besonders musikalischer Humorist war, so ist es kein Wunder,
wenn die Oper nicht durchgriff. Von Seiten Speyers sind
ihm deshalb Vorwürfe gemacht worden, die dann Guhr .....
ewiges Räthsel der Natur ..... auch folgsam hinnahm. Den=
noch wollte die Oper nicht durchgreifen. Man hatte das Ver=
trauen verloren, und ein Publikum hat den Muth nicht und
die Bildung, um durch veränderte Methoden plötzlich weise zu
werden. Das Gefallen dieser reizenden Musik bleibe daher
einer späteren Zeit überlassen *). Seinem ungemessenen Unter=
nehmungsgeiste haben wir jedoch interessante Thatsachen zu
verdanken, darunter z. B. die hinzugefügte Scene des Apfel=
schusses im Tell; Paganini's enthüllte Kunst die Violine zu
spielen. (1820) **) u. s. w. Zu seinen Vorzügen darf man
auch einen ungeheuchelten Sinn für Literatur zählen, und in

---

*) Diese Zeit nun fiel wieder in das Jahr 1865, wo Ignaz Lach=
ner es besser als sein Vorgänger verstand, das richtige Maaß von
Takt, Tempi und Vortragsweise und edler Inspiration einzuhalten.
**) In einem Theater=Concert öffentlich gespielt im Angesichte
Paganini's.

der letzten Zeit trug er, — ohne Ironie sei es ausgesprochen — Jean Paul's Flegeljahre stets in der Tasche nach. Zwei seltene Fakultäten bildeten sein Partiturenlesen und ein enormes Gedächtniß. Aus einer früher nie gesehenen Partitur z. B. einer Cantemira oder einem Clavierauszuge a vista zu dirigiren, war ihm eine Kleinigkeit, und ich hätte Keinem rathen mögen auf das hin einen Fehler zu wagen. Seltener. Widerspruch, denn nicht ganz so sicher war sein Gedächtniß in Bezug auf Pianobegleitung. Ohne Noten z. B. ein einfaches Lied zu accompagniren suchte er stets sorgfältig zu vermeiden. Eine Anekdote mag hier zugleich als Belehrung gelten. Nicht selten geschah es z. B., daß er während der Proben auf das Bureau abgerufen wurde, und folglich das ganze Personal, müßig und ärgerlich geworden, auf ihn warten mußte. Da fiel es einst den Sängern ein — es war gerade Figaro — ganz ohne Dirigent fortzusingen, und das Orchester stimmte alsobald instinktmäßig mit ein. So kam die Oper, selbst mit den Guhr'schen Nuançen, ohne Fehl fast bis zu Ende, als endlich der Maestro verspätet erschien, und erstaunt um sich blickte. „Kinder", lachte er, „ihr braucht mich also nicht mehr, und ich kann gehen?..." Aber wer ihn studirte, sah es ihm an, daß ihm nicht recht war, entbehrt werden zu können. Ist es denn auch gar so nothwendig — denkt wohl mancher — daß der Dirigent sich so bemerkbar macht? und ging hier die Sache nicht ganz sicher und gemüthlich? Bildeten sie nicht gleichsam eine trauliche Familie? Ich selbst schrieb einst eine Novelle über dieses Thema *), worin ich das System eines unsichtbaren Orchesters aufstellte.

---

*) „Die vollkommene Oper." Rosen und Dornen bei G. Jonghaus 1852.

Mit welchem Rechte er es wagte, ganze Sätze, die ihm langweilig oder überflüssig schienen, z. B. aus Tell, Undine, namentlich aus Meyerbeer's Opern ohne weiteres zu streichen,
und kürzen was ihm eben gut dünkte, ist eine brennende Frage.
Und doch hat manche Bühne sich diese Guhr'sche Streichkunst
zum Muster genommen.

Wirklich hoch zu stellen war aber sein feines Ohr und eine
vollkommene Instrumental-Kenntniß, denn bekanntlich spielte er
fast alle Instrumente *). Und gerade weil er mit diesem, ich
möchte sagen: unbewußten Bewußtsein handelte, durfte
er wohl mehr wie mancher Andere, der gewissenhafter war, auch
wieder manches hingehen lassen. „Wenn's gilt, wird's schon
gehen, man muß dem Ehrgefühl auch etwas lassen", meinte er,
und er hatte gewissermaßen recht. Daß Guhr weniger auf
die besseren Eigenschaften seines Taktirstocks pochte, als auf dessen
Extreme, d. h. auf die Manipulation seines Armes, auf das
Vor- und Nachrücken seines berühmten Zauberstabes, auf ge-
heime fesselnde Winke (auch wo sie nicht nöthig), auf die Lieb-
haberei vor gewissen Perioden oder Tempiwechsel ein spannen-
des Ritardando oder gar eine Fermate eintreten zu lassen,
wodurch allerdings gewisse Effekte erzielt werden, aber die eigentliche Bedeutung einer guten Composition nothwendig leiden
mußte, mit einem Worte: auf alle die misterieusen Koketterien
und Minutien, worauf Guhr einen so großen Werth legte,
dieses und ähnliche Dinge gehörten nun einmal zu seinen liebens-
würdigen Schwachheiten. Wahrscheinlicher aber ist, daß er auch

---

*) Wie er an einem und demselben Abend als Geiger und Pianist
excellirte und zwischen den Pausen seine Binde wechselte — wahrscheinlich um als Doppelgänger aufzutreten.

ohne solche Künste ein tüchtiger Maestro di Capella geworden wäre.

Was Guhr's Schule endlich betrifft von der man so viel Wesens machte und noch macht, so bestand diese kurz darin, daß er seine Schüler, wenn man ein ruhmbürstendes Sängervölkchen also nennen darf, sogleich Kopfüber bis an die Fersen in das Meer der Praxis tauchte (weshalb manche so flüchtig das Fersengeld nehmen konnten, wenn sie sich, überschätzend ihren Lorbeer im Auslande suchten und über ihren Ansprüchen die Dankbarkeit vergaßen. Das Terrain dieser Schule war nicht die enge Stube, sondern die Welt vor den Lampen und ein reiches Repertoire. Guhr begann nicht mit dem Schneckengang der Scala, sondern mit dem Flügelschlag des Vortrags, er setzte seinen Zögling sogleich mit Tunika und Chlamy's zwischen Thaliens blendende Säulen, segnete ihn dann und sprach: „Hilf dir selbst, so helfen dir die Musen!" Guhr stand seinem Zögling, ein geladener Konduktor zur Seite, dessen Berührung elektrisirt. Seine Oper glich der Mühle in der Fabel aus welcher der Schwache mit neuer Lebenslust jugendlich wieder hervorspringt. Aber auch der Geschmack des Publikums war ein Werk dieser Schule. Wie viele Berühmtheiten des Auslandes scheiterten an dieser Klippe, weshalb auch Frankfurts Opern-Podium für jeden Fremden bis heute noch ein Gefürchtetes ist; und wie viele wieder, die hier begonnen haben, oder die unbeachtet in das Räderwerk dieser Sängermühle getrieben wurden, sind angefrischt und reich an Erfahrungen daraus hervorgegangen und haben in der Fremde ihr Glück gemacht.

Man suche kein anderes Element in der Guhr'schen Schule.

Wie sehr ich damals bemüht war, Guhr unbedingten Weihrauch zu streuen, wäre in einem Aufsatz zu lesen: Guhr's alter

Taktirstab und der neue Kapellmeister*), und mache ich nun zu meiner Beschämung darauf aufmerksam.

Meine speziellen Beziehungen zu Guhr waren so mannich=faltig, wie unsere Charaktere verschieden. Zwei Menschen wie die beiden T. G. mußten mit einander in Berührungen und Konflikte kommen. Sie mußten sich finden und abstoßen, tödtlich beleidigen, und eine lebendige Freundschaft schließen. Unedel war sein Haß, aber leicht versöhnlich; übertrieben seine Gunst, und beides oft ohne Grund. So lebte ich fast an drei Dezen=nien lang mit diesem Manne in so abwechselnden Phasen, bis die letztere Zeit doch in dauernd wohlwollender Stimmung fest=gehalten hat. Hiervon ein hervorragendes Beispiel, wie er nie=mals verfehlte im Vorbeigehen mir die Hand zu drücken, wenn er sich durch das Orchester drängte, um seinen Thron zu be=steigen. Dort angelangt, blätterte er dann ein Paar Minuten höchstens in der Partitur herum, bog Blätter ein, machte son=stige Marken, und wartete dann mit der Sicherheit eines sorg=losen Fechters des Angriffs.

Von seiner physischen Kraft und Ausdauer, sobald es „va banque!" galt, citire ich nur seine sogenannten chrono=logischen Akademien, das Pesth=Ofener Konzert im März 1838, das Frankfurter Sängerfest am 28. 29. und 30. Juli des=selben Jahres, und das Konzert für die Abgebrannten der Stadt Hamburg am 15. Mai 1843, alle drei Monstre=Kon=zerte unter Mitwirkung des ganzen Opern=Personals in der St. Katharinenkirche aufgeführt. Das Pesther Konzert, worin Haydn's Schöpfung und das Hallelujah von Händel aufge=führt wurde, war in seiner Zusammenstellung der musikalischen

---

*) Frankfurter Conversations=Blatt in den zwanziger Jahren.

Kräfte, wie auch in sozialer Beziehung merkwürdig, da Guhr
es vermochte in drei Tagen die heterogensten Elemente in ein
Kunstinteresse zu vereinigen. Nur er, dem man nichts abschlagen
konnte, vermochte in einer Handelsstadt eine solche Aufgabe zu
lösen. Bei dieser Gelegenheit gab er mir einen besonderen Be-
weis von Anhänglichkeit, indem er mir die Begleitung der
Recitative auf dem Klavier anvertraute. Eine Episode, worauf
ich nicht wenig stolz war, schalte ich gerne hier ein. In den
Reihen so hochgestellter Notablen befand sich auch die Gräfin
Rossi, Sophie Löwe und Madame Schodel, welche Damen die
Soloparthien übernahmen. Die Pause während der einzigen
Probe wurde mit Orangenessen ausgefüllt, welchem holden
Schauspiel ich auf meinem Klavierbänkchen sitzend behaglich zu-
schaute. Mochten meine Blicke auf die junge Sangesfürstin
länger verweilt haben, ich weiß es nicht mehr, aber so viel
weiß ich, daß plötzlich ein Livreediener vor mir stand, mir eine
Orangenschnitte auf einem Goldtellerchen devotsvoll überreichend.
Ob solcher Huld mich tief verbeugend, winkte mir die Gräfin
zu sich und fragte mich Angesichts der hohen Anwesenden mit
offener Freimüthigkeit: „Nun, werther Herr Gollmick, erinnern
Sie sich auch noch Ihrer kleinen Gespielin in Köln? und ...
vergessen Sie mich auch ferner nicht." Auch Frau Baronin
von R. hatte die Güte, sich mit mir unterhalten zu wollen,
als Guhr etwas über Gebühr heftig das Zeichen zum Beginne
des zweiten Theils gab, und — der kurze schöne Traum ent-
schwunden war. Mehrere Jahre darauf, als die gräfliche Nach-
tigall in Frankfurt gastirte, mußte ich zu ihr kommen, und —
ihre sinkende Größe konnte für mich kein Geheimniß mehr sein —
ihr edles Vertrauen verbarg die Bitte nicht, mich ihrer anzunehmen. Welch ein Unterschied zwischen dem holdseligen Lächeln,

womit sie mir damals die Orange reichen ließ, und der tragischen Ahnung, welche sie dem stillen Ocean ihrer Leiden (Mexico) zuführten.

Ueber das Sängerfest *) berichtet ein witziger Referent: Gollmick bewährte hier auf das s ch l a g e n d st e die Kraft seiner Arme u. s. w. Bei der weiten Dimension, die meine Pauken von dem Pulte Guhr's trennte, war es keine Kleinigkeit, unsere Schläge mit metronomischer Genauigkeit eintreten und fallen zu lassen. Ich half mir dadurch, daß ich meine Blicke stets auf den Dirigenten heftete, und zur Aushülfe auf die Noten schaute, wozu mir mein junger Sohn (Adolph) vermittelst eines Stäbchens, womit er jede Note verfolgte, sehr behülflich war. Nachdem dies Argument glücklich gelöst, war er so freundlich zu gestehn, „Gollmick habe die Ehre des Tages durch seinen Schlägel gerettet." Soll ich nun auch noch von den „Guhr's Festen" erzählen, die alljährlich mit Hassel und Hallenstein an der Spitze am 31. Oktober zu Ehren des Direktors gefeiert wurden, und bei welchen meine Opfer-Fähigkeit wieder einmal übertrieben war? Das Conterfey, halb Dionysios, halb Faun, zwischen zwei Schönen sitzend, in der Rechten das Champagner-Glas, in der Linken den Würfelbecher, die übermüthige Stirn geröthet, mußte sich allerdings charakteristisch ausnehmen, und es war in der That sehr schmeichelhaft für mich, daß er mir

---

*) Hier wurde aufgeführt: Spohr's „Vater unser" (nach Klopstocks Gedicht) Choral und Motette „Ich danke dem Herrn" von Bernhard Klein (instrumentirt von Schnyder v. W.), das Oratorium „Zeit und Ewigkeit" (ebenfalls von Schnyder), und „im Wald beim Forsthause", Männerquartette und sonstige kurze Stücke. In dem Hamburger Concert (siehe oben) wurde ebenfalls Haydn's „Schöpfung" gegeben.

bei einer dieser Gelegenheiten den „Schmollis" anbot. Daß er mitten in der Messe oder auch zur Museumszeit mir erlaubte, einige weitere Reisen zu machen, z. B. nach München in die Schweiz u. A. und es über sich nahm, Herrn Leerse, die Nothwendigkeit solcher Reisen durch eine kühne Ente begreiflich zu machen, gehörte zu den vielen Freundlichkeiten, die ich ihm allerdings zu verdanken habe.

Doch genug und übergenug von solchen Dingen, welche die Zügel seiner Autorität allerdings nicht befestigten, und gehe ich lieber zu einem andern Thema über, welches ich wohl in einem der zahlreichen Gedichte und Gesänge finden werde, die ich unserm Freunde zu Ehren habe erscheinen und drucken lassen.*)

Der Instrumente Gruß an ihren Meister.

Es ist ein Ding, das stammt von Ewigkeiten
Es dauert ewig fort, und dennoch altert's nie;
Entspringt aus Menschenbrust, und rühret andre Saiten
Mitfühlend an. Man nennt es Harmonie
Auf ihren Säulen ruhen Welten,
Auf ihr ist auch die Kunst gebaut;
Drum kann Musik als ihre schönste Tochter gelten.
Sie ist zunächst dem Klange angetraut.
Und da sich eine Welt gebaut in des Orchesters Kreise
Worin des Einzel'n Kraft zum Ganzen sich verschlingt,
So bringen wir dem Meister, ganz nach uns'rer Weise
Der Liebe Wort, das gleich dem Ton zu Herzen bringt.

---

*) Für meine Hingebung bei solchen größeren und kleineren Festen überhaupt, sei die Notiz bezeichnend, daß ein ganzes Paquet von mir gedruckter Gedichte und Gesänge in andere Hände übergegangen ist, während sich für meine Person noch nie ein dankbarer Poet gefunden hat.

Soli:

Zuerst erscheinen wir Violinen
Mit heitern gefälligen Feiertags-Mienen.
Schon Sancta Cäcilia hat uns protegirt,
Den fürstlichen Bogen begeistert geführt,
Auch giebt's wohl selten ein Freudenfest,
Wo man unsre Saiten nicht klingen läßt.
  „So hohen Ernst, wie Frohsinn, die wir zeugen,
  Wir bieten Dir beides, sie seien Dein eigen."

Pathetischer kommen wir Violen,
Doch da ist wenig Freude zu holen;
Denn ewiges Klagen und Jammern
Entspringt unsern hölzernen Kammern.
Weil wir nicht lieben die Salto,
Nennt man uns schlechtweg auch Alto. —
Doch hüllen wir uns in stille Tugend
Und bratschen Dir zu, trotz dem Feuer der Jugend:
  „So alt wie Cremoneser werden
  Florire Dein Name auf klassischer Erden!"

Gespreizt und feierlich
Begrüßen wir Violoncello's Dich.
Nur edle körnige Gesänge
Hört man von uns in Breit' und Länge;
Und weil dabei wir theuer sind und selten,
Können füglich als Tenore wir auch gelten.
  „Mögen diese köstlichen Juwelen
  Deiner Oper niemals fehlen!"

Nun wälzt sich Dir die schwere Masse
Des Tons entgegen vom Contrabasse.
Nicht der Triller und Kadenzen verderbliche Moden,
(Nicht kränkelnde Stoffe für Schwalbach und Soden),
Ertönen unserm altvät'rischen Boden;
Nicht schmeichelt und tändelt der riesige Mund;
Aus ihm spricht deutscher Kern und Grund.

Wie Allem was grad ist, oft grob, — doch ehrlich,
Zollt Lob und Weihrauch man uns nur spärlich,
Doch sind wir, wir fühlen's, Dir unentbehrlich.
    „So wie wir treu sind, und nicht schwanken,
    Mög' Deines Glückes Grund nie wanken!"

Wir Clarinetten, Hoboen und Flöten,
Auch wir dürfen nahen ohne Erröthen.
Was auch der Großpapa Contrabaß spricht;
Er giebt nur Finsterniß, wir geben Licht.
Aus uns entspringen der Tonkunst Wonnen;
Wir sind des Orchesters Prima Donnen.
    „Fortuna, sie wird immer dich umschlingen,
    Wenn stets gleich uns die Prima Donnen singen!"

Fagotte sind doch auch nicht zu verachten,
Obgleich sie nicht nach eitlem Schimmer trachten.
Onkel Baß kann uns das Zeugniß geben,
Daß Hand in Hand geht unser ernstes Streben.
Unser Bruder ist der Bariton.
Was der jetzt gilt, das weiß man schon.
    „Wir stützen redlich die Lablache,
    Zu füllen des Direktor's Tasche!"

Wir bitten Euch, geliebte Brüder,
Schont schweigend Eure zarten Glieder.
Nur Hörner, Trompeten und Posaunen,
Die setzen jetzt die Welt in Staunen.
Wenn wir nicht schmetterten, das glaubet nur,
Gäb's keine romantische Literatur.
Wir bieten den Pomp, die Macht, die Ehre,
Die Fama giebt durch uns sich kund;
Wir brechen kühn Atropo's Scheere,
Unsterblichkeit dröhnt unser Mund.
    „Was Künstlern heilig ist vor Allen,
    Wir blasen den Ruhm in Deine Hallen!"

Was hilft hier eitel renommiren? . . . , .
Der Pauken Gewicht kennt alle Welt.
Wenn schlagend wir uns canonciren
Behaupten wir der Töne Schlachtenfeld.
Des Jubeltoasts, wie der Verzweiflung Wellen
Entwirbeln unsern Eselsfellen.
(Und mancher Esel ist's nicht werth
Daß seine Haut noch so wird geehrt.)
Wir leiten — probat est — durch Wasser und Flammen,
Wir halten donnernd das Ganze zusammen;
Und wie ihr auch Alle euch abmüht und plackt,
Auf uns horcht der Meister, in uns steckt der Takt.
„Drum wir uns're Schlägel Dir dediciren,
Zu schlagen, die Dich neiden und tourbiren.
Mög, Deine Stimmung stets frisch und rein
— Viel reiner als die uns're — sein!"

Alle Instrumente.

Und wie ein jeder sich im Solo kund gethan,
So stimmen wir vereint ein fröhlich Tutti an:
„Dies volle Glas zu unsers Mentors Wohl erhoben
Verkünde ihm Vertrau'n zu seiner Meisterschaft!
(Auch braucht's bei uns gar nicht der vielen Proben,
Daß er uns kennt und uns're Kraft.)
Mög' dieses Festes Harmonie uns stets in Ernst
umschlingen!
Laßt unserm Guhr zu Ehren hoch! die Gläser klingen!!"

Bei einer früheren Gelegenheit (schon im Jahr 1827) ließ
ich folgendes Akrostichon vom Stapel, das vierstimmig auch
von mir componirt von den Sängern Tourny, Linker, Dobler
und Haffel vorgetragen wurde.

2*

Charis begleite des Künstlers Bestreben
Aufwärts den Blick zu den Sternen gewandt,
Reich in sich selbst fühlt ein edleres Leben,
Liebliche Musen, wer Euch sich verband.

Gütig beschenkte mit himmlischen Gaben
Uns zu erquicken, Euterpe, Dich heut',
Hin nimm, was wünschend zu spenden wir haben:
Ruhig genieße, was Ruhm Dir gestreut.

Nicht minder wie diese Feste half ich sein 25jähriges Dienst-
jubiläum mitfeiern, das zwei Tage hinter einander im Februar
1846 währte, im Weidenbusch stattfand, und Monate lange
Vorbereitungen erforderte. Adressen und Deputationen von Bühnen und Privatinstituten des In- und Auslandes wurden ab-
gesandt, dem Meister zu huldigen, und unter den Geschenken,
die einen kleinen Bazar bildeten, befand sich eine mit analogen
Emblemen verzierte silberne Lyra, welche den Hinterlassenen
immer ein werthvolles Erbtheil bleiben wird. Als Comite-Mit-
glied sparte ich auch hier weder Zeit noch Geld, und — wie
bei solchen Gelegenheiten oft geschieht — hinterher ärgert man
sich über manches Verfehlte, und lacht sich am Ende selbst aus.
Diese Skizzen mögen mit einer etwas bizarren Anekdote
schließen. Obgleich das Faktum Diskretion erheischt, so habe ich
doch nicht das Recht, es zu ignoriren. Dies Faktum zeigt mir
ein historisches Kunstwerk, das seiner Zeit hier ein Paar Vor-
stellungen erlebte, und, von einem hiesigen Kapellmeister protegirt
meinem Kriterium anvertraut wurde; die geheimnißvolle Com-
mission schien gelungen, denn ein werthvolles Familienstück
prangte bald auf dem Gesimse der Kurhessischen Villa und der
bescheidene Kritiker hatte das Nachsehen. „Ich konnte manches

davon brauchen", sprach vornehm der Protektor, ich aber fand, daß alles wörtlich abgedruckt war.

1832 ging Guhr einen zehnjährigen Kontrakt ein, worüber sich mein Tagebuch beifälligst äußert. Um diese Zeit namentlich an neuen Mitgliedern wären anzugeben*) die Sängerinnen Doris Hauß, Backofen, Ernst, Rotthammer, Meiffelbach, Schulz, Lampmann, Kratly und die beiden Noisten. Sänger: Beil, Größer, Wiegand, Marrder, Wieser.

Im Frauenperfonal des Schauspiels fand außer den Damen Frühauf, Leclere, Brenneck, Müller — kein besonderer Wechsel statt.

Das Männerperfonal war durch die Herren Wagener, Dupré, Schulze, Rottmeyer befetzt, wonach Hallenstein, Diehl, Leefer, Lußberger, Hendrichs, Lavalade, Danielfon und Breuer erschienen. Die Rollen der Herren Welb und Heil find bis jetzt noch in Gelegenheitsstücken, wo es gilt, etwas aus sich selbst zu machen, gut befetzt, und Männer wie Zielfelder, Rühr, Rau, Braun, Ganz, Collin u. A. werden in ihrem Fach immer die Ersten bleiben. Die jungen Damen Hens, Farnung und Gutmann wirkten auch im Schauspiel. Die Töchter Urspruch's versprachen etwas zu werden, und Fräulein Zeis (spätere Welb), die Enkelin eines achtbaren Künstlergeschlechts, bewährt noch heute hier mehrfeitige Nützlichkeit. Endlich vergessen wir auch einen Hilde und Hetzel nicht, die nicht minder in die Kalkanten-

---

*) Ich kann es nicht oft genug wiederholen, daß trotz aller Mühewaltung ein fo häufig wechselndes Perfonal fich unmöglich genau controlliren läßt.

geschichte unserer Nationalbühne gehören, und später durch unsern vielseitig erprobten*) Jakob Kindsfuß abgelöst wurden.

In den mittleren und unteren Kunstschichten blühten uns eine Erdmann, Obert, Fischer, Kindinger, Laforelle, Miccolini, Barozzi u. s. w.

Daß eine Lindner, eine Hofmann (Röhrig), eine Weidner, ein Leißring, Hill, Otto, Dobler, Hassel u. A. noch lange Zeit die Anziehungspunkte mehrerer Perioden bildeten, bedarf kaum der Erinnerung.

Gäste, theilweise engagirt, waren in diesem Jahre so zahlreich als interessant. In der Oper: Dem. Erhardt von Prag; Haitzinger, Sabine Bamberger (1. theatralischer Versuch am 22. April); Pillwitz (31. Mai); Wild (10. Juli); Forti (von Wien, 29. September); Tourny von Mannheim; Madame Milder (Hauptmann) von Darmstadt.

Im Schauspiel: Fehringer und Kirchner von München; Mayer von Karlsruhe; Demois. Esser (1. Oktober); Hill feierte sein 25jähriges Engagements-Jubiläum am 31. Januar d. Jahres.

In diese Periode nun fiel abermals eine goldene Zeit unseres Instituts. Obgleich man dafür schwärmte, so scheint mir diese Schwärmerei doch mehr Sache der Gewohnheit als einer aufrichtigen Ueberzeugung zu sein. Ich erinnere mich z. B. jener klassischen Zeit noch recht gut, wo der Sänger mit seinen Fiorituren nicht fertig werden konnte, und zu den Uebertreibungen der Schauspieler den Commentar lieferte. Um nur bei der Zauberflöte zu bleiben, so sang z. B. der berühmte Demmer die Stelle:

---

*) Weil er die Proben ansagt.

O wenn sie doch schon vor mir stän = de.

Und veränderten andere berühmte Bassisten folgenden Schluß
der Isis Arie:

lüh ~~ — — — — — — — nen Lauf....*)

Allerdings leidet die heutige Einfachheit oft an ebenso ge-
schmacklosen Uebertreibungen, da man sich kaum noch an die
gewohnten Schlußnoten wagt, z. B.

Ad - di - o

oder auch, man verkennt die alte Regel der Appoggiatura
und singt oder spielt die kleinen Noten wie sie stehen:

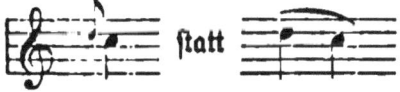

Also das Eine so schlimm wie das Andere.

Deshalb erhebe man nicht so leicht die vergangene Zeit auf
Kosten der Gegenwart, denn diese wird auch einstens vergehen. Ver-
setzen wir uns z. B. aus der Zeit schwindelnder Illusion in
die jetzt bestehende, so werden wir Personale's finden, welche
den früheren an Material und Intelligenz schwerlich etwas
nachgeben werden. Aber ich will ja kein Dogma über die Appoggiatura schreiben, und kehre nach diesem Appendix zu unserem Personal zurück.

---

*) Und wer könnte diesen charakteristischen Vortrag verläugnen?

Der Abschnitt, in welchem Elise Capitain zur hiesigen Bühne kam, fiel in die Zeit der Damen Jazede, Rudersdorf und der Herren Dettmer (zum zweiten Mal engagirt 1836), Dobrowsky, Irmer, Hauser und Nissen, später Pischeck, Chrubimsky und Frau Behrend-Brandt.

Einen Zuwachs an Schauspielern von Bedeutung finden wir in dem folgenden Citat, das uns in reicher Auswahl an Gästen und neu angagirten Mimen das reiche Jahr 1837 gebracht hat. Ich lasse dieselben so viel als möglich den laufenden Daten nach die Revue (als selbstverständlich in den ersten Antrittsrollen) passiren.

Catinka Heinefetter, 1. theatralischer Versuch „Agathe"; Klein *) ditto, „Othello". Fräulein Mina Gneb von Prag, „Rosine". Haitzinger, Großherzoglich Badischer Hofsänger „Arnold von Meldthal" (5. April). Schnepf von Mainz „Alphons" in der Stummen von Portici. Michel Greiner von Berlin „Fra Diavolo". Madame Janik von Pesth „Isabelle" im Robert; Reichel von Darmstadt „Tell"; Seyler „Joseph"; Selig von Düsseldorf „Hassan" in Pflicht um Pflicht; Schmezer von Braunschweig „Murney" (24. Mai); Demoiselle Peroni von Pesth „Käthchen von Heilbronn"; Madame Fischer-Achten von Braunschweig „Amina" (29. Mai); Biberhofer von Breslau „Arthur" in der Fremden; Herr und Madame Dahn von München eine Reihe vorzüglicher Darstellungen (im Juni); Nissen von Bremen „Alphons" in Zampa; Baumeister von Nürnberg „Rudolph" im Landwirth; Ferdinand Löwe von Wien „Garrik"; Kreipl von Pesth „Séber"; Götz von Wei-

---

*) Ich erlaube mir der Kürze wegen die Titulaturen bei den Herren wegzulassen.

war „Max"; eine Demoiselle Größer finden wir hier als en-
gagirte Anfängerin; Madame Biberhofer „Walpurgis"; Ma-
dame Köhler von Kassel „Oberförsterin"; Demoiselle Biul von
Wien „Norma"; Dem. Hildebrand von Bremen „Elsbeth"
im Turnier zu Kronstein; Dem. Quint von Breslau „Agathe";
Ernst, erster theatralischer Versuch „Murney"; Schunke von
Breslau „Don Carlos"; Madame Wacker von Würzburg
„Die alte Feldern" und „Die Großmama".

Außer mehreren kleineren Novitäten wurden in diesem Jahr
zum erstenmale gegeben: am 13. März „Hans Heiling" und
am 23. April „Die Hugenotten".

Wenn das in unseren Annalen nicht wenigstens eine dia-
mantene Zeit genannt werden darf, so giebt's keine mehr. Aber
wie bereits erwähnt, würde man mit Aufzählung solcher gol-
denen Zeiten nicht fertig werden, wollte man sie alle berück-
sichtigen. Zur Genüge auch ist wohl in diesen Artikeln gethan
worden, um die Wißbegierde dieser „Alterthumsforschungen"
zu stillen. Mit einem Gewaltssprunge gedenke ich also, nach
einem kurzen Abschied von dem verhängnißvollen Jahre 1848
mit dem Status quo der beiden letzten Theaterphasen 1855
und 65 zu schließen, d. h. wenn ich so weit komme.

Der Periodenwechsel unter den Mitgliedern des Orchesters
war zu dieser Zeit nicht erheblich, und wüßte ich darunter nur
die klangvollen Namen eines Femy, Joseph Schmitt (später
Schauspieler), Moritz Haupt (eingetreten 1835), Rießstahl (1836)
anzugeben. Die Hornisten Grimm und Karl Oestreich *), der
Oboist Turner später, Wilhelm Elsner und Adolph Gollmick
(Söhne) traten als Geiger und Volontaire nur auf kurze Zeit

---

*) Geschätzter Componist und Theoretiker.

ein, und fanden dann vortheilhafte Bedingungen in Dublin
und London.

Es bedarf in der That keiner Ueberwindung, um hier
„unserm Capitainchen" ein eigenes Gedenkblättchen zu widmen
denn, außer der Rücksicht auf ihre Leistungen bleibt sie immer
unvermeidlicher Theil der Guhr'schen Periode. Vielleicht auch
war es die Dankbarkeit die mich veranlaßte, im Jahr 1843
in Brendels Neuer Zeitschrift für Musik*), No. 44 des 18.
Bandes eine Gallerie ausgezeichneter Sänger und Sängerinnen
erscheinen zu lassen, die ich mit Elise Capitain begann, und in
No. 3 und 4—32. Bande 1850 auch fortsetzte.

Auf diese beiden Artikel verweise ich meine Leser, wenn
sie sich mit dem Aufschlagen abgeben wollen. Wo nicht, so
nehme ich mir die Freiheit, einige Sätze daraus zu copiren:

Elise Capitain

ist die Tochter eines Frankfurter Bürgers und Handwerksmanns,
dessen Umstände nicht geeignet waren, seinen Kindern eine Talente erweckende Erziehung zu geben. Es sind (namentlich in
unserm Deutschland) leider nicht seltene Erscheinungen, daß
schöne Stimmen, kaum sich selbst bewußt, sogleich in höhere
Sphären gezogen, und dem Egoismus geopfert werden. Die
junge Capitain würde dasselbe Loos getroffen haben, wäre ihr
gesundes Organ nicht von der Art, daß es gleichsam auf den
Lippen schwebt, und selbst auch unter Anstrengungen nicht leidet.
Der in den 20er Jahren in Blüthe stehende Großmann'sche

---

*) Worin ich nach der Beendigung der Leipziger allgemeinen musi-
kalischen Zeitung bis dato Mitarbeiter geblieben.

Gesangverein hatte das Verdienst, ihr Talent dem Dunkel entgegen zu haben. In diesem Institute entwickelte sich ihr Organ
zuerst, und Demoiselle Grasemann, ihre erste Lehrerin, unterrichtete sie nach der damals vergötterten Schelble'schen Methode. Kaum 13 Jahre alt sang sie bereits den hohen Sopran
in Messen und Oratorien, welche der Großmann'sche Verein
aufführte.

Das Schicksal einer blühenden Stimme ist in den Sternen
aufgezeichnet, sobald sie ein Kapellmeister gehört hat. Das Museum war der erste Ort, wo ihr Gesang den Uebergang aus
der Kirche zum Theater bildete. Hier trug sie die Arie aus
Idomeneo „Se il padre perdei" vor, und zog damit die Aufmerksamkeit eines engeren und gebildeten Kreises auf sich.

Als unter solchen Initiativen endlich der Entschluß reif
wurde, sich dem Theater zu widmen, trat sie am 26. April
1837 als Pamina auf. Ein siebzehnjähriges Mädchen mit der
ersten Blüthe eines vollen und wohlthuenden Organs, mit dem
seelischen Ausdruck inniger Empfindung und der Unbefangen-
heit, welche die Gefahren eines solchen kritischen Tages nicht
kennt, bildeten hier die Eigenschaften zu einer Mozart'schen
Pamina. Fräulein Capitain war von dieser Stunde an der
Mittelpunkt einer achtungsvollen Aufmerksamkeit und die Kritik
stellte ihr ein sehr günstiges Horoscop.

Ziehen wir nun ein Facit der verschiedenen Lebenselemente
dieser merkwürdigen Frau, so steht sie in sanft tragischer, wie
in leidenschaftlicher Lyrik auf gleicher Stufe, und wenn sie den
vollen Becher zuweilen verschüttet, so hat sie das mehr oder
weniger wohl mit den Künstlern ersten Ranges gemein, und
wer mag sie darob verdammen? Wenn unsere kritischen Schwärmer sie nun gar mit einem Phönix, mit einer Mignon, oder

mit Jean Paul's „Geflügelten" vergleichen, so haben sie doch weniger Schaden angerichtet, als vielleicht ich selbst, der ich redlich mithalf, sie zu verwöhnen. Verderben läßt sich glücklicherweise kein ächter Genius.

Was Guhr betrifft, so wußte er sowohl seinen künstlerischen als merkantilischen Vortheil aus dem p r a k t i s c h e n Unterricht zu ziehen, den er seinen Elevinnen ertheilte, und wenn irgend ein Hoftheater es gewagt hatte, sich an diese zu wenden, so erwiderte er dictatorisch: „Ihr könnt hier bleiben!" zerriß den königlichen Kontrakt, oder steckte ihn in die Tasche.

Der zweite Abschnitt dieser Skizzen bezeichnet ihre Verheirathung mit dem Schauspieler Alexander Anschütz am 5. September 1846 *) und 10—12 Jahre später mit dem Schauspieler Haase. Daß diese Ehe keine glückliche war, bewies ihre baldige Trennung.

Nun folgt die Aufzählung eines weit über 100 Rollen großen Repertoirs, welches sich von dem Schmerzenssohn Benjamin an, nach allen lyrischen und hochdramatischen Richtungen hinzieht und mit den Wagner'schen Höllenstürmern schließt, wenn sich nicht noch ein neuer Stimmverderber für dieses Fach einstellt.

Bei dem Namen Benjamin, woran sich nothwendig ein Jakob knüpft, fällt mir oft die gethane Aeußerung der Capitain e i n, aber nicht a u f, daß unter allen Sängern, welche einst mit ihr die hiesige Bühne betreten, sie mit dem gefühlvollen Vortrage ihres Dettmer (Marcell, Richard Boll, Sarastro u. A.) doch am meisten sympathisire. Vor einigen Jahren hat

---

*) Sohn des hochachtbaren Veteranen und Regisseurs des Hofburgtheaters in Wien, Heinrich Anschütz.

Frau Anschütz-Capitain uns verlassen und erregt auf anderen Bühnen, namentlich in Bremen, enthusiastische Anerkennung; jedenfalls aber dürfte die jetzige Direktion mit diesen ausländischen Triumphen nicht sehr einverstanden sein.

Im Augenblick hält sie sich mit ihrem geistvollen Kinde aus zweiter Ehe in Heidelberg auf, als dem Stapelplatz ihrer theatralischen Excursionen, denn das Treiben, dies sogenannte „auf Gastspiel reisen" fängt bereits an, zur Unsitte zu werden. Und warum auch nicht? Mit 6—8 Flitterkleidern im Koffer, und eben so vielen Rollen in der Tasche, kann der ganze Apparat für speculative Müßiggänger bequem aufgelegt werden.

Ich habe viel zum Lobe unserer Freundin gesagt, aber soll ich nicht dankbar sein für die schönen Stunden, die ihr Talent mir bereitet hat? Die Gelegenheit eines genaueren Umgangs mit der Selecta der Sängerwelt erweckte stets meinen Ehrgeiz, brachte mir possitive und negative Belehrung. Ich sehe viele dieser Sterne auf- und untergehen. Ich sah eine Fischer-Achten, Sophie Löwe, Laslo Doria, Schodel, sah die schönen Schwesterpaare Cruvelli, Bertha Carl und Leisinger, verkehrte mit den tüchtigsten Sängern Deutschlands, aber keine dieser Coriphäen wußte meinen Sinn für Gesanges-Komposition so zu erregen, wie grade Elise Capitain, und wenn sie gar meine „plaudernden Lüftchen" *) oder „der Mai und die Liebe" **) mit unnachahmlicher Naivetät vortrug, fühlte sich meine Dankbarkeit um so mehr an ihre Person gefesselt.

Möge sie noch lange fortfahren, ihre Verehrer durch ihr Talent zu erfreuen.

*) Ohne Opus bei J. B. Schott in Mainz.
**) Opus 49 bei Mompour in Bonn.

Dem Schlusse unserer Guhrfrage zueilend, ist nur noch Folgendes zu sagen:

Der excentrischen und dem Institute oft schädlichen Genialität Guhr's einen Damm entgegen zu stellen, wurde der Intendant Grüner von Darmstadt hierherberufen (1830.) Wie dieser seinen Corporalstock handhabte, die eifersüchtige Collission beider Elemente sich nicht versöhnen wollte, wie nach kurzem Terrorismus der Intendant fortgeschickt wurde (1836) und in Wien zu Grunde ging, ist zur Genüge bekannt. Alles Weitere, wie sich der alte Aktienverband auflöste (1842) in Folge dessen das Triumvirat Guhr, Malß und Meck entstand; die Restaurationsversuche der Herren **Mühling** von Hamburg und **Hoffmann** von Prag; die ominöse 40prozent-Geschichte (1848), die durch Senatsbeschluß Herrn Hoffmann entzogene Konzession (2. März 1855), wodurch über 100 Bühnenmitglieder an die Luft gesetzt wurden; die vermittelnde Generalversammlung am 9. April; das humane Hülfskomité (resp. der neue Aktienverband) in Betreff der Fortsetzung des Theaters unter dem Interim*) — während der Monate Mai, Juni und Juli — das dirigirende Comite der Herren Hassel Dettmer und Gustav Schmidt; das rechtskräftige Bündniß in dieser Bedrängniß die Mitglieder zusammen zu halten**); der Umbau des Theaters, begonnen in der Nacht vom letzten Juli; die Abonnements-Konzerte im Weidenbusch; die Uebergabe des

---

*) Interim: Fräulein Lindner, die Herren Hallenstein, Heil, (Repräsentant des Chors) und Gollmick (Repräsentant des Orchesters und Protokollführer) Mühling als Assistent und — Meck, unberufen und doch dirigirend.

**) Welches auch mit wenigen Ausnahmen geschah, unter diesen Reger, 1844 gekommen, den die Angst nach Berlin getrieben.

neuen Theaters (am 1. November) von Seiten des engeren
Ausschusses (als Vertreter der Aktiengesellschaft *); die unmittelbar darauf erfolgte Betrauung der neuen Intendanz Roderich Benedix von Seiten des engeren Ausschusses.... doch
halt, schon habe ich weit über mein Ziel hinausgeschossen, und
wollte doch das Jahr 1848 nicht überschreiten. Alle diese Ver-
änderungen zu detailliren, gehört nicht in meine Selbstschau,
und für den, welcher diesen verworrenen Knäul von Begebenheiten zu lösen begehrt, wird sich in den Zeitungen vom Jahr
1855 leicht die gewünschte Aufklärung finden. So bleibt mir
nur die traurige Pflicht zu erfüllen, unseren Freund auf den
Friedhof zu Bockenheim zu begleiten. Sein Tod mag größtentheils die Folge vieler Kränkungen gewesen sein, die er zu jener
roth angestrichenen Freiheitszeit von der Rache kleiner Feinde
zu erleiden hatte. Die letzte Oper, die er dirigirte, war Figaro's Hochzeit (am 21. Mai). Er starb am 22. Juli 1848
vor Mitternacht, nach 27jähriger Thätigkeit bei hiesiger Bühne.
Wenn Bulwer in seinem Zanoni sagt: „Ein Mann, leicht
empfänglich für heitere Eindrücke, wie das Genie immer sein
muß, ein Freund des Vergnügens, ein sorglos Künstlerleben
führend, ehe sich der Geist mit Ernst auf die Arbeit wirft“,
so sollte man glauben, Guhr habe ihm vorgeschwebt. Im Mai
des Jahres 1861 feierte mein Gemüth ein tragisches Fest,
denn als ich eines Tages hinauswanderte, mir „eine Blume
aus der Asche seines Herzens“ zu brechen, fand ich sein Grab
veröbet, und nur ein einfaches Epitaphium erinnerte an seine

---

*) Die erste Vorstellung am 5. November war Iphigenie in Tauris,
Webers Jubelouverture und die aus Iphigenie in Aulis, Prolog,
gedichtet von Professor Heffemer und gesprochen von Dr. Schwarz.

Existenz. Ein Aufruf an Freunde, des Todtenhügels wieder zu pflegen, blieb ohne Erfolg. Daher entstand in den Frankfurter Nachrichten mein kleiner Nekrolog: „Ein vergessenes Grab." Sic transit!

Die tragische Lyrik dieser Erinnerung ein wenig zu beleben, erlaube ich mir, einige in den 30er Jahren verfaßte Verse zu citiren:

Poetische Gegensätze.

Monodie.*)

Ach Ihr Leutchen, laßt Euch sagen,
Daß ich nicht bei Stimme bin.
Keinen Ton mehr kann ich tragen,
Und mein Umfang ist dahin.
Wie ich stöhne, wie ich ächze,
Trotz der Marter, trotz der Müh'
Einen Ton nur, den ich krächze,
Gräßliche Monotonie!
Während and're Leute singen
Triller- und Cadenzenvoll,
Drei Octaven überspringen,
Bald in Dur und bald in Moll,
Sitz' ich hier in stiller Kammer,
Werde nirgend wo vermißt,
Ach, es ist ein großer Jammer,
Wenn man nicht bei Stimme ist.

---

*) Op. 44 bei Mompour in Bonn. Das Thema ist das eingestrichene g, und wird als komisch durchgeführte Arie mit figurirtem Akkompagnement behandelt.

Meine allerletzte Gabe
Ist dies eine Tönchen hier,
Wenn auch das ich nicht mehr habe,
Ach, dann ist es aus mit mir!

Die Musikstunde im Freien.*)

Komm', Herzliebchen, komm' in's Freie,
Fort aus düsterem Gemach.
Dort wo frisch die Knospen prangen
Unter Himmels blauem Dach.
Dort wo Aar und Mücke kreisen,
Dort will ich Dich unterweisen
In der Tonkunst Wissenschaft.

Wo der Himmel Berge küsset,
Wo der Mond durch Wolken bricht
Nächtlich mit den Sternlein wandelnd,
Suchend darin das Morgenlicht,
Wo die Täublein girrend kosen,
Düfte mischen Nelk' und Rosen,
Das ist, Liebchen, Harmonie.

Willst Du sieben Töne haben
Sieh' den Regenbogen steh'n.
Selbst nicht Mozarts Partituren
Sind Dir schöner anzuseh'n.
Willst Du Melodien hören,
Soll mein Mund Dir Liebe schwören,
Und den Takt dazu schlägt's Herz.
Soll Dir ein Quartett ertönen
Feuer, Wasser, Erde, Luft
Steh'n vereint Dir hier zu dienen,
Wenn der hohe Meister ruft.

---

*) Didaskalia 1839.

Soll ein Thor sich zu Dir neigen?
Lausche nur, von jenen Zweigen
Schallt ein Oratorium.
Horch! was tönt dort in dem Busche?
Welcher Kehle Zauberklang?
Ach, wie hebt bei solchem Liede
Sich die Brust so froh und bang.
Das sind Triller und Figuren
Wie sie auf Italiens Fluren
Selbst nicht reizender gehört.

Schau, wie dort die Lerche steiget
Und im Morgenglanz sich wiegt;
Ist das nicht ein Portamento
Unerreichbar, unbesiegt?
Willst Du Variationen haben?
Magst die Blicke Du erlaben
An der Wiesen Blumenspiel.

Auch die Modifikationen
Treuer Bilder finden wir,
Piano rieselt dort die Quelle,
Forte brüllt ein Donner hier.
Willst Du ein Crescendo sehen?
Wandle mit auf jenen Höhen,
Wenn der Tag dem Meer entsteigt.

In der Sonne Wanderungen
Wirst die Tempi Du gewahr,
Und des Mondes Viertel-Wechsel
Macht die Eintheilung Dir klar.
Auch die Lehr' vom Hände halten
Mag sich freier hier entfalten,
Durch der Liebe Händedruck.

Schwalbenschwänzchen gleichen Achteln,
Wenn sie schwirren rings umher.
Stumme Fischlein sind die Pausen,
Wenn sie plätschern kreuz und quer.

Sitz' ich so an Deiner Seite
Still betrachtend Gottes Weite —
Merk' — das ist der Ruhepunkt.

Siehst Du dort auf jenem Hügel
Die Kapelle einsam steh'n?
Dort beschließ' ich diese Stunde,
Dorthin laß uns, Trautchen, geh'n.
Bei des Tages sanftem Reigen
Harrt der Priester — der wird zeigen
Uns, was eine Bindung ist.

Nach einem solchen poetischen Flügelschlage glaube ich schon einen herzhafteren Sprung wagen zu dürfen. Ich streife also drei volle Decennien von mir ab, und erscheine wieder verjüngt, ein delphischer Apollo — doch nein, mehr noch als das, als ein beglückter Hymenäus erscheine ich, über welchen der Priester soeben sein „Amen" ausgesprochen hat.

Mancher Andere als ich, hätte als Ueberschrift zu folgendem Kapitel vielleicht den nüchternen Terminus „meine Verheirathung" — „Verehelichung" u. s. w. gebraucht, ich aber, den glühenden Fackelbrand einer Welthoffnung noch in den Händen, wähle den olympischen Titel

Eros und Anteros.

Zu deutsch

Liebe und Gegenliebe.

(Skizzen aus meinem Tagebuche.)

„Elise — meine Frau!" fühle ich denn auch die ganze Bedeutung dieses Wortes? begreife ich, was es heißen will, sich für dies ganze Leben lang an ein Wesen ketten? mit ihm alle Lust und Schmerzen tragen? Alles zu genießen und zu entbehren? Ich stehe nun nicht mehr einzeln da; denn Alles was mich trifft, trifft auch sie, und dem Schicksale trotzen heißt auch sie preisgeben. Die Seelen in einander verschmolzen, die Herzen vertauscht, und ein unbedingtes gegenseitiges Vertrauen — darin liegt doch nur allein das Wesen einer glücklichen Ehe. Ich kenne meine Pflichten gegen sie, und werde sie erfüllen, ich werde ihr Freund und Beschützer sein!"

Es wäre nicht gut für beide Theile, wenn sich ein solcher Enthusiasmus nicht nach und nach abkühlte, aber dennoch darf ich die Ueberzeugung aussprechen, daß diese Abkühlung niemals zu einem Sturzbad wurde, und wir in unserem ruhigeren Begegnen uns immer unentbehrlicher wurden. Seinem Weibe bei solcher Gelegenheit ex officio eine Lobrede halten, zeigte wenig Takt, doch sei mit wenig Worten das gesagt, was mancher anderen Frau als Beispiel dienen könnte:

Vor allen Dingen war sie mir eine Lebensgefährtin. In wichtigen Fragen hatten wir niemals Geheimnisse, und dann uns recht auszusprechen, schützte uns vor manchem Mißverständniß. Mein Bedürfniß nach Mittheilung rühme ich mich, ihr eingepflanzt zu haben, denn wenn diese fehlt, darf man auch auf kein Vertrauen Anspruch machen. Meine Elise hatte weniger Schärfe des Geistes, als einen natürlichen Verstand, und oft waren ihre Beobachtungen und Urtheile richtiger als die meinigen, wie denn überhaupt die Frauen einen feineren und sichereren Takt in sich tragen, und in den meisten Fällen das Richtige treffen. Unsere Weisheit ist ihr Instinkt. Daß meine Frau schön war, mußte sie wissen, und sparte deßhalb viel an Putz und Flitterstaat. Auch ich wußte es, und wurde oft kanibalisch eifersüchtig auf sie. Doch legte sich diese Unart mit der Zeit.

Stets guter Laune, sah sie gerne Freunde um sich, welches unsere Abendstunden sehr angenehm machte. Hauptsächlich war ihre Rührigkeit im Hause musterhaft. Sie war immer die Früheste wach und auf, legte überall selbst mit Hand an, und war doch stets sorgfältig gekleidet, Dinge, die bei den Hausherren, wie bei den Dienstboten gleich magisch wirken. Um zu dem reinlichen Sonntag zu gelangen, mußte der Samstag sein erbliches Recht aufgeben, schmutzig zu sein, und um Ostern zu feiern, trieften nicht schon am Gründonnerstag die Wände voll Wasser; der arme Mann brauchte nicht zu flüchten, und seine Besucher stolperten nicht über Besen und Kübel. Weiß es Gott wie sie's anfing, aber es geschah. Ich würde sagen, eine Fee habe ihr geholfen, wenn eine tüchtige Hausfrau nicht selbst eine wohlthätige Fee wäre. Ihr Töchter, die Ihr einst Mütter werden wollt, beherziget diese Worte!

Ich zweifle, daß ich glücklicher gewesen wäre, wenn wir uns nie gezankt hätten. So ein tüchtiger Zank schützt wie Salpeter vor Fäulniß, und säubert das Blut. Wir hatten uns dann um so lieber, denn ein Jedes fühlte sein Unrecht. Aber hüte sich ein Jeder vor seiner Zunge. Mein liebes gutes Weib ist dahin, aber noch immer möchte ich blutige Thränen weinen um jedes unvorsichtige Wörtlein, das über meine Zunge gerathen. Wie bereue ich jetzt zu spät das nimmer zu Sühnende, und mag dieser innere nagende Schmerz für Väter und Mütter, für die ganze Familie ein warnendes Beispiel sein!

Unsere Heirath fand am 10. Juni 1822 statt, nachdem ich zuvor meinen Bürgereid (am 20. Mai a. c.) in gelehnter Uniform geschworen hatte. Es fehlte dabei nicht an üblichen

Festgeschenken, und die rüstige Frau Schwiegermutter sorgte redlich für das nagelfeste Material in Haus, Küche und Keller. Nach dem ersten Mittagsmahl auf eigenem Heerd ging's hinaus in das sonnige Wäldchen bei Niederrad, wo sich ein Kreis von Freunden und Verwandten eingefunden, mit Speisen und Getränken; ein alter Leyermann spielte lustig auf zum Tanze und dahin flog die frohe, mit Kornblumen bekränzte Schaar in wirbelndem Reigen. Aber schöner war's doch daheim im traulichen Stübchen,*) wo meine junge Frau die ersten Rollen ihrer Kochkunst mit schüchternem Ernste einstubirte, und mir nichts desto weniger manche verbrannte Linsensuppe zum lukullischen Mahle wurde.

> O, daß sie ewig grünen bliebe
> Die schöne Zeit der jungen Liebe!

Daß ich damals schon anfing, mir eine Bibliothek zu bilden, und nur noch ohne Auswahl Klassisches und Modernes durcheinander kaufte, lag in meiner Ungeduld. Es konnte nicht fehlen, daß eine solche Bibliothek meine Prinzipien nicht festen konnte, im Gegentheil dieselben durch schwankende Motto lockerte. Ich habe in meinem ersten Theile schon darüber gesprochen, aber es ist deshalb nicht besser geworden, die Motto-Manie blieb. Nachdem ich mich eine längere Zeit an dem Ciceronianischen »Quid quid agis etc.« festgehalten, glaubte ich die Quintessenz aller Weltweisheit in dem Spruche: „handle vernünftig" gefunden zu haben, welches auch an meinem Hochzeitstage for ever angeheftet wurde.

---

*) Unsere erste Wohnung im heiligen Stand der Ehe war beim Gewürzkrämer Horix in der großen Bockenheimer Gasse.

Was eine wohllöbliche Polizei bei meiner Verheirathung Alles verlangte, verdient eben keinen Lobhymnus; der obgenannten gelehrten Uniform erwähnend, so knüpft sich an diesen alten ehrwürdigen Gebrauch noch mancher andere Zopf. Da hatte z. B. der arme Eheſtands-Candidat mitzumachen und auszuhalten: die Kämpfe mit dem Konſiſtorio und mit der Stadtkanzlei, mit Kaution und Expropriationsgeſchichten, mit Standes- und Landes-Buchführung, mit Kriegszeugamt und Landwehrplagen u. ſ. w. Die Letztere anlangend, ſo wurde ich einregiſtrirt in das 2. Bataillon des 1. Regiments, 2. Compagnie, als Landwehrmann, nachdem ich als Pompier meine Waſſerdichtung erprobt, und meine Schuldigkeit ſo oft als möglich — verſchlafen hatte.

Als Fortſetzung jener Borjer-Kapitäns-Periode und gleichſam als Nachtrag zur Geſchichte meines Vaters, gedenke ich noch mit Wehmuth des armen Mannes, der trotz aller Bemühungen als Beiſaß nicht geduldet ward, und des Sohnes Bürgſchaft wurde nicht angenommen. Vater durfte hier kein bürgerlich Gewerbe treiben, und alſo auch keinen muſikaliſchen Unterricht ertheilen.

Auch aus den naheliegenden Städtchen Bockenheim und Röbelheim wurde der alternde Künſtler verwieſen, und während er ſich eine neue Heimath ſuchte, lag es dem Sohne ob, für die Familie zu ſorgen. Das waren ſchwere Zeiten für die Anfänge junger Eheleute. Wäre damals Gewerbefreiheit geweſen, wie jetzt, die Fluth meiner Einnahmen hätte ſich ſchwerlich in eine troſtloſe Ebbe verwandelt.

Doch fort mit ſolchen Rückblicken, und jeder Unzufriedene ſuche Troſt bei ſeinem Weibe, inſofern 10 Kinder haben, die ſie ihm gebar, und Troſt finden ſynonyme Dinge ſein können. Aber der Sieg über die Verhältnisse gelang, und die drei Paare, die mir blieben, sind nun meine moralische Er-hebung. Außerdem dürfte sich nicht leicht ein Stamm finden, dessen Zweige so verbreitet sind, als der meinige. Irland, London, Australien, Moskau und Frankfurt a. M. sind die Stapelplätze, die weit aus dem Bereiche willkürlicher Besuche liegen, und deshalb bleibt es eine schöne Wahrheit, daß es für Menschen, die sich lieben, keine Trennung giebt.

Es kann nicht in meiner Absicht liegen, bei dieser Gelegen-heit meinen Kindern Marksteine der Erinnerung zu setzen, doch glaube ich meines ältesten Sohnes Adolph besonders erwähnen zu dürfen, da er sich unter Londoner Tonkünstlern Achtung und Ruf erworben. Bei Riefstahl und Heinrich Wolff studirte er die Geige bis zu keinem geringen Grad. Er nahm sie unter den Arm und wanderte aus, aber mußte sie bald gegen das den Engländern mehr zugängliche Welt-Instrument (das Kla-vier) vertauschen. In London heirathete er eine Deutsche, ver-lor sie durch den Tod und übergab seine 2 Kinder der Er-ziehung meiner Töchter, wodurch nun meine kleine Villa einen eigenen Zauber erhält. Seine zahlreichen Pianoforte-Komposi-tionen, des freundlichen Ernstes nicht entbehrend, viele seiner gemüthvollen Lieder werden gesucht, und unter seinen größeren Compositionen hat jüngst eine Oper*) auf einem Londoner Privattheater „Bijou Theater Victoria Hall" eine zweite ge-lungene Vorstellung erlebt. Wohl noch andere seiner Opern dürften der Aufmunterung werth sein, wenn eine solche im Cha-

---

*) „Das Orakel", von einer meiner Töchter in's Englische übersetzt. Noch andere von ihm componirte Libretti sind als selbstverständlich?! aus seines Vaters Feder.

rakter deutscher Directionen läge. Ohne Reclame aber — denn
eine solche gliche dem Krebs, der sich selbst seine Scheeren ab-
zwickt — darf ich den Glauben aussprechen, daß dieser junge
Mann auch eine Zukunft haben werde.

Der Tugendbund.

Diese Verbindung mit dem Motto „Ohne Kampf keine
Tugend" begann schon am 10. Februar 1821, und hatte den
bescheidenen Zweck die Ewigkeit zu überdauern. Zum Glück für
meine Leser habe ich im Wuste meiner Papiere die Acten
meines moralischen Systems verlegt. Da nun jeder Bruder ein
solches System, das die Grundzüge unserer Charakteristik tragen
sollte, liefern mußte, so gewahrten wir mit Schrecken, daß am
Schlusse dieser Lesungen sich alle auf's Haar glichen. Hundert
kleinere Verirrungen sollten zu der Generalverirrung eines holden
Wahnsinns leiten. In dem Kapitel „Vergangenheit und Kin-
derleben" (1. Theil, pag. 17) kündigten sich bereits Sympa-
thien für solche Tugendübungen an, nur mit dem Unterschiede,
daß die letzteren gefährlicher als die ersteren waren. Tugendhaft zu sein ohne Kampf schien uns kein Verdienst, und so
waren wir nahe daran, uns ex officio lasterhaft machen zu
wollen. Aber richte man uns nicht allzu strenge, da schon der
bloße Wille uns vor vielen Thorheiten schützte. Wir hatten
Alles, was zu solchen Institutionen für nöthig befunden wird;
wir nannten uns Präsident, Sekretair, Protokollführer, hatten
Ehren-, correspondirende und auswärtige Mitglieder, trugen
goldene Ringe mit analogen Zeichen, und lernten Ehrenberg

und Alamontade auswendig. Wir beichteten förmlich unsere kleinen und großen Sünden, und ärgerten uns, wenn wir keine hatten. Für leichte Vergehen legten wir uns große Buße auf, und daß wir nicht auch wie Ascethen uns geißelten, war Alles. Unsere Sitzungen hielten wir abwechselnd hier und in Offenbach ab. Zu jeder Nachtstunde

> „Bei Sturm und Regen
> Dem Wind entgegen"

wanderten wir hin und her, und hielten selbst Stiftungsfeste, theils weil das so gebräuchlich, theils um uns für so lange Entbehrungen zu entschädigen, für so viele Kampfübungen zu belohnen. Endlich aber schlug die Stunde der Ermattung. Weil wir nichts mehr zu beichten hatten, wurden wir monoton und langweilig. Um diesem zu entgehen, schufen wir wichtigere Aemter, erfanden neue Embleme der Tugend und schmückten uns mit Orden. Aber wie es mit allen Dingen geht, die auf die Spitze getrieben werden, so auch hier. Nach zwei Jahren hatte die Ewigkeit ein Ende.

Herr von Kotzebue hat ein gutes Buch „Philibert oder die Verhältnisse" geschrieben, worin sich, wie hier, junge Männer für die Tugend verbunden haben.

Eine Kopie jenes Artikels lohnte schon der Mühe, wenn er nicht zu lang wäre. Ich citire also nur die letzte Stelle:

. . . . . „Wenn Männer, die zusammen studirten, sich nach vielen Jahren einmal wieder versammeln, um etwa einen Landesvater zu feiern, und ihre Hüte jubelnd auf ihren Degen schwingen, so habe ich nichts dagegen; es ist eine frohe Stunde in der die lustige Vergangenheit einen Besuch bei der trockenen Gegenwart abstattet. Aber wenn Männer sich quälen, gewisse

Jugendgefühle, für die sie selbst keine Empfänglichkeit haben, in ihr ernstes Geschäftsleben zu flechten, so kommt mir das gerade so vor, als wenn ein Greis den Verliebten bei einem sechszehnjährigen Mädchen spielt; er macht sich lächerlich. Drum meine ich, wir heben diese Zusammenkünfte auf, und sind froh daß im Publikum noch nichts davon laut geworden."

———————

Sei dem wie ihm wolle, jedenfalls erinnere ich mich noch im späten Alter mit Erhebung jener Zeit, und wehe einer Jugend, die nicht Sinn hat für solche Schwärmereien. Sie erwärmen das Fischblut und geben Muth zum Handeln. Was nun kurz folgen soll, hängt so genau mit unserem Tugendbund zusammen, daß ich dessen gerne erwähne, obgleich die Sache etwas kitzlich ist.

Joseph Pirazzi — wer kennt den Namen dieses Ehren- mannes nicht — ein Mitgründer unseres Tugendpakts, mein alter edler Freund und gleich mir Katholik, wurden nichts destoweniger von dem Strudel erfaßt, der im Jahr 1848 ein neues Glaubensbekenntniß gegründet. Ein Duller, Ronge, He- ribert Rau u. A. pflanzten das Panier des neuen Glaubens hoch auf, und wir flatterten — aus Religion eifrig nach. Auch ich wurde deutsch-katholisch, aber wurde ich darum auch glück- licher? wurde ich weiser, und änderten sich meine Gesinnungen, änderten sich meine Leidenschaften deshalb auch nur um ein Jota? Ich zweifle, und weil ich beide Religionen nicht stark trieb, hätte ich eben so gut katholisch bleiben können!

Ein kleines Lied.

Zur Beruhigung meines Gemüths nach solchen Tugend-stürmen und gleichsam als Uebergang in eine analoge Stimmung erlaube ich mir unsern jugendlichen Leserinnen ein kleines Geschenk zu machen. Ich wählte dazu eines jener sechs Liedchen, die durch Einfachheit und leichte Begleitung gleichsam den Typus einer solchen Gesangesgattung bilden, einer Gattung, die ich von jeher geliebt, und — sonderbarer Widerspruch — doch nicht so oft in Anwendung gebracht habe, als ich es gewünscht. Auch gehört dieses Lied (wie im Theil I. bemerkt) zu dem Schicksalsheft, das mir den damaligen Sturz meiner öconomischen Verhältnisse bereitet hatte. Es sei deshalb hier an seiner geeigneten Stelle:

Schlummerlied.

1. Schlumm = re sanft in deinem weichen Zauber-
2. We = he sanft von ihr des Lebens schwarze
3. Daß im Trau = me ihr des Freundes Bild er-

bett = chen, milb um = gauck=le dich der
Sor = gen, we = he ab der Schmeichel=
schie = ne, rein und wahr wie das Ge=

Zephi = ret = ten Schaar, rau = sche
re = de Flitter = schaum; gib ihr
fühl zum Himmel spricht; Sag' ihr

lei = ſer,   Sil = ber = wel = le,
Schlummer,   Glück und   Frie = de
lei = ſe,   was ich em = pfin = de,

hol = der   Weſt umſpiel' ihr   lockig ſeiden
und ihr   Le = ben glei=che   einem holden
Sag' ihr   das doch ach! er = wecke   ſie nur

Haar. Schlumm' = re   sanft — — — —,
Traum. Schlumm'=re 2c. 2c.
nicht. Schlumm'=re 2c. 2c.

schlumm' = re   sanft. —

Die Cadenzen der zwei letzten Verse ad libid.

Sophie Löwe.

Ich glaube in meinem vollen Rechte zu sein, wenn ich mit diesem Namen den Reigen der gefeierten Sängerinnen beginne, mit denen ich die Ehre hatte in oft beneidenswerthe Beziehungen zu kommen, und finde es nicht minder angemessen, eine Löwe als Repräsentantin dieser wohltönenden Schaar einzuführen, so schmerzlich es auch für mich sein muß, theuere Erinnerungen so kurz abzufertigen, und alles das zu verschweigen, worüber sich doch so manches reden ließe. Auch gebieten Raum- und Zeitmangel diese Maaßregel, und glaube ich von dem Kunstsinn meiner holden Colleginnen überzeugt sein zu dürfen, daß sie eine solche königliche Einführung anerkennen werden. Es war die Erscheinung der Löwe nur von kurzer Dauer, aber um so glanzvoller, da sie in der That die Vorzüge in sich vereinigte, welche andere Gesangshelbinnen vielleicht in gleich hohem Grade, aber doch nur einzeln besaßen. Hingerissen von dem zauberischen Taumel, der alle Zuhörer erfaßte, wenn sie ihren polyhymnischen Flügelschlag begann, überstrahlte sie selbst eine Sonntag, was gewiß viel sagen will. Sie gab so recht das Beispiel wie sehr der dramatische Spiritus in Verbindung mit der passenden Mischung der Gewürze über ausgetüftelten Schulgesang zu siegen vermag. Die severe Kritik scheute sich vor dem Geist mit dem Flammenschwerte, und erkannte unbedingt den Satz an, daß das ächte Genie auch in seinen Fehlern groß sei.

Ist es möglich, Alles in drei Worte zu fassen, so möchte ich sagen: Sie besitzt nebst einer Schönheit, welche sie zur Darstellerin einer Anna und Zerline fähig macht, Genie, Grazie und sogar — ein Herz.

Etwas Näheres über diese interessante Familie zu erfahren, dürfte für Kunstfreunde noch immer wissenswerth erscheinen. Ferdinand Löwe, im Fache erster Liebhaber und Helden von bedeutendem Verdienste, war vom Jahr 1828 bis 1831 bei der Frankfurter Bühne engagirt, von wo er nach Wien zum Burgtheater übersiedelte. Dort erkrankte er, und ohne aufgetreten zu sein, starb er im Mai 1832, erlebte also den Triumph seiner Tochter Sophie nicht mehr. Diese, zu ihrer theatralischen Ausbildung einer Tante übergeben, war aber durch ökonomische Verhältnisse bald gezwungen, ohne weitere Studien die Wiener Bühne zu betreten, wo ihre glänzenden Gaben sie aber in der kürzesten Zeit zum Liebling des Publikums machten. Ein Ruf nach Berlin 1836 vermehrte ihre Triumphe, worauf sie nach Italien ging und sich dann im Jahr 1848 mit dem Fürsten Friedrich von Liechtenstein, k. k. österr. General-Feldzeugmeister, vermählte.

Die jüngere Schwester Lilla begann in Mannheim ihre Laufbahn, gastirte dann auf den ersten Bühnen Deutschlands im Fach der ersten Liebhaberinnen mit großem Glücke, und verheirathete sich in Petersburg, wo sie noch weilt, mit dem russischen Geheimerath Baron Carl von Küster. Zwei Brüder dieser geistvollen Schwestern machten ihre Carriere in ganz verschiedenen Fächern. Der Erstere Feodor begann in Mannheim seine theatralische Laufbahn, setzte diese in Hamburg und Frankfurt a. M. fort, bis er bei der Stuttgarter Hofbühne zu den Aemtern gelangte, die ihm Talent und Glück gesichert haben. Der letztgenannte Bruder Julius, Doctor philosophiæ, hat sich nebst dem Frankfurter Bürgerrecht und einem in Ruf stehenden chemischen Laboratorium, die Achtung seiner zahlreichen Freunde erworben.

Während sich so das glückliche Schicksal der Genannten vorbereitete, zog die Mutter mit einer jüngeren Tochter nach dem reizenden Kurort Kronberg, allwo ihnen einen angenehmen und gesunden Aufenthalt zu bereiten meine Frau und ich durch Familienverbindungen bald Gelegenheit fanden, ihnen nützlich zu sein. In Kronberg vermählte sich nun auch die Tochter Doris Löwe mit Herrn Wilhelm Neubronner (Herzogl. Naff. Amtsapotheker), einem durch die strenge Erfüllung seiner Berufspflichten allgemein geachteten Manne. Es kann nicht fehlen, daß durch die abwechselnden Besuche so hochgestellter Kinder das Leben dieser Familie ein höchst zufriedenes sein mußte. Aber wie das Urübel der Menschheit sein Recht verlangt, so blieb es auch hier nicht aus. Im Jahr 1856 starb die wackere Mutter, von Kindern und Enkeln tief betrauert.

Eine kleine, aber gewiß nicht unlehrreiche Episode

aus meinem empirischen Schatzkästlein

sei hier an ihrer Stelle.

Meine Beziehungen zu Ferdinand Löwe, als er noch beim Frankfurter Theater engagirt war, gestatteten mir seinem talentvollen Töchterlein Sophie die Erstlinge des Gesanges beizubringen und schon damals erkannte ich die prophetischen Blitze ihres Auges, und wie sie dieselben zu beherrschen, sich vergebens abmühte. Mich hiervon gründlich zu überzeugen, führte ich sie zu dem damals berühmten Baritonisten Hauser, und erhielt, nachdem das junge Mädchen einiges gesungen, die bündige Weisung: „Hier ist nichts zu machen, das Mädel soll lieber nähen und kochen, als sich einer Kunst widmen, wozu sie weder Organ, noch Talent hat." Puff! Und so gingen wir

kurz abgefertigt fürbaß, uud große Mühe hatte ich die tief
Gekränkte zu trösten. Hätte ich nicht von jeher die Schwachheit
gehabt, mich leicht verblüffen zu lassen, ich würde ohne Zweifel
dem berühmten Maestro di canto auch meine Meinung offen
gesagt haben. Hoffen wir nur, daß derselbe in der Beurthei-
lung junger Sänger künftig glücklicher sein möge*).

Nicht wohl kann ich meine Kronberger Gebirgs-Chronik
schließen, ohne meiner würdigen Freunde, der Herren Hofkammer-
rath Stahl und des ehrwürdigen Pfarrvicar Ludwig Hoffmann **) zu gedenken. Genoß ich in dem Tuskulum des Letzteren lehrreicher Eindrücke so manche, so nicht minder der heiteren Tage in dem gastlichen, kindergesegneten, stattlichen Re-
cepturgebäude des Ersteren und dessen vortrefflichen Hausfrau.
Was dieses Haus an Wohlgenüssen und der Geist an Humor
zu spenden vermochte, ward hier in vollem Maße geboten.
Später nach Wiesbaden und zuletzt nach Limburg übersiedelt,
zog ich ihm oft nach und hoffe, obwohl er in noch höherem
Alter wie ich selbst steht, ihm noch öfter nachzuziehen zu können.
Nun konnte es nicht fehlen, daß eine überwältigende Sehnsucht
nach Mutter Natur mich jeden Sommer an ihre Brüste warf,
und ich in den Bergthälern des üppigen Taunus im vollen
Sinne des Wortes schwelgte. Hier — so weit sich diese Gegend von Soden aus über den Feldberg hinüber nach dem
nördlichen Abhange hin erstreckt — ist mir keine bedeutende

---

*) Hauser, Gesanglehrer am Münchener Musik-Conservatoir und
gegenwärtig pensionirt.

**) Unter Hoffmann's pädagogischen Schriften zeichnet sich beson-
ders das evangelische Choralbuch unter dem Titel „Festgesänge für
die evangelisch christliche Kirche" aus. Erschienen in Weilburg bei C.
Lang 1834. Hoffmann starb 1840.

Felswand, kein verstecktes Thal, ja fast keine Baumgruppe unbekannt geblieben. Namentlich war es, und ist noch die Feste
Königstein, die ich den Stapelplatz meiner Ausflüge nenne,
wenn ich mich nach des Winters Strenge abgereis't habe. Hier
bietet mir die liebe Familie Pfaff*) ein Asyl, um welches
mich Götter beneiden würden, wenn Neid kein Laster wäre.
Ein Zimmer im zweiten Stock mit der Aussicht auf Ritter
Falkensteins graue Ruine, auf Berge, Wälder, Mühlen, Wiesen,
dazu die harzige fein durchsickerte Luft wohllüstig einsaugend,
das Ohr dem tausendfältigen Choral der gefiederten Welt geöffnet . . . . .

> „Hier wo des Himmels Blau auf Bergen ruht,
> Hier ist es schön, hier möcht' ich gerne weilen,
> Hier flösse leichter, fröhlicher mein Blut,
> Hier würden meiner Sehnsucht Wunden heilen.
> Hier . . ."

Aber stille, still! Jedes innere Glück fühlt sich weit besser,
als es Wort und Feder beschreiben!

Weshalb ich weder Kammer- noch größere Instrumental-
Musik, weshalb ich nicht Opern geschrieben habe? — daß
ich das nicht gethan, war eines meiner größten Meisterwerke,
war der glücklichste und gescheideste Gedanke in meinem
Leben. Ich kann mir mit Recht nachsagen, daß mich nicht un-
selige Unsterblichkeitssucht, aber ein eigener Ehrgeiz — und
wer hätte d e n nicht? angestachelt, auch die g r o ß e F e d e r zu
ergreifen. Allein ich hatte von jeher einen zu gewaltigen Re-
spect vor dem Gelingen solcher Riesenarbeiten — nicht minder
hielt mich die Scheu vor „M e t z g e r g ä n g e n" zurück — und

---

*) Hôtel de Lyon.

so zog ich vor, statt in unermeßlichen Dingen ein Liliput zu
heißen, in kleineren das möglichst Bessere zu leisten.

Gedankenstriche.
⁀Fortsetzung.

Kunst ist nichts anderes, als der schöne Sieg des Geistes
über den Zwang der Regel, sie ist die schöne verklärte Freiheit der künstlerischen Bewegung innerhalb der Schranken des
Schönheitsgesetzes und Schönheit ist Anfang, Mittelpunkt und
Ende aller Kunst. Das widrig Gemeine — ohne alles Mo-
tiv — ist kein Gegenstand für schöne Kunst, und wer sich
nicht mit Abscheu von dem Gemeinen abwendet, wer es in
seinen Kunstleistungen nicht zu adeln versteht, der hat keinen
Theil an der Kunst, sie erkennt ihn nicht für den ihrigen an.

Ein Musikus, namentlich im Orchesterdienst, gleicht dem
niedern Soldatenstande. Er ist so wenig Eigenthümer seiner
Person, daß er sein Leben, seine Zeit und selbst seine Glied-
maßen zur gänzlichen Verfügung eines Andern stellen muß.
Gibt es z. B. eine minutiösere Abhängigkeit, als die eines
Sängers oder Musikers gegenüber den tyrannischen Gesetzen
der Noteneintheilung, der Tempi, des Takts und Rythmus,
welche zwei Dinge man doch ja nicht mit einander verwechseln
möge. Keine Kunst, kein Fach und Geschäft gleicht diesem
Dienst, wo die Versäumniß eines Pendelschlags die größte
Verwirrung anrichten kann. Stockt von diesem kunstvollen Uhr-
werk das scheinbar unbedeutendste Stiftchen, so ist das ganze
Werk unnütz. Und doch ... wie oft geht Alles durcheinander
in den Thurmuhren unserer neuromantischen Unsinns-Opern,

die dennoch Enthusiasmus erregen? Welch schwer zu entziffernder krasser Widerspruch!

Ich möchte so zarte Sinne des Gehörs haben, um wie Pythagoras oder der Apostel Paulus die Harmonie der Sphären vernehmen zu können. Ob ich dann aber auch ihre Regel verstünde?

Es gibt gewisse Stimmen (Organe) und Gesichter, über welche keine Kunst (Schule) etwas vermag.

Vermöchte wohl die beste Linse des Verstandes-Mikroskops gewisse Hieroglyphen der Composition zu durchdringen?

Die Geister aller Neuerer werden nach 50 Jahren ausrufen wie jener englische Redner Sir James Makintosh: „das Werk unserer Tapferkeit ist dahin; das Blut (die Dinte) von Europa ist umsonst geflossen, der tarpejische Fels ist nahe dem Capitole!"

Die Glorie des Alterthums ist von dem Geist unserer Dichter gewichen. Ohngeachtet sie Schönes leisten, athmen sie doch nur selten eine große Seele.

Oft, sagt man, haben die Wände Ohren. Noch öfter aber haben die Ohren Wände.

Der Sänger muß, so lange er singt, den Componisten als den Schöpfer seines geistigen Daseins betrachten.

Ist es durchaus nöthig, daß Sänger und Virtuosen musikalisch gebildet seien, um gut und selbst mit Geschmack und

Gefühl vorzutragen? Leider ist es nicht nöthig. Die Erfahrung lehrt es täglich, und während Kritik und Publikum vor Entzücken außer sich gerathen, denken unsere Musikdirektoren und Correpetitor's ganz anders. Gibt es aber einen krasseren Widerspruch in der Schöpfung? Kann der feinste Verstand herausfühlen, in wie fern solche Effectstücke mit der Regel in Verbindung stehen? Stritt ich doch kürzlich mit einem Gelehrten über diesen Gegenstand. Es war im Mai, wo alle Stimmen erwachen, beim duftenden Kräutertrank, und ich glaubte, den Ungläubigen schon auf meiner Seite zu haben. Da, horch, wie verabredet, schlug plötzlich das brillante Rondo eines Kanarienvogels an unser Ohr, und entzückt lauschte der ganze Garten. Da haben wir ja die Antwort in optima forma, sagte der Literat. Wo braucht's da des gelehrten Firlefanzes, wo die Praxis so naturwüchsig auftritt, daß nichts zu wünschen übrig bleibt? Und so ist's auch mit dem Virtuosenthum. Wenn die Wirkung berauscht, wer fragt da nach der Ursache? Unsere gefeierte Prima Donna weiß vielleicht eben so wenig von der Bildung der Scala wie jener Vogel in freier Luft.

Arme Kunst! klagte ich. Reiches Talent! jubelte der Freund und stieß mit mir an!!

> Ein Künstler, der Klassiker trivialisirt.
> Ein Publikum, davon enchantirt —
> Wer hat am meisten sich blamirt?

„Noth bricht Eisen"; öfter aber auch bricht das Eisen jede Noth.

Jeder Monat ist vielen Poeten ein Brachmonat.

Vitruv sagt, daß, um die Baukunst recht zu üben, man nicht allein gut zeichnen, sondern auch etwas Musik verstehen müsse. Sollte es nicht auch umgekehrt der Fall sein? Sprechen die Gelehrten doch von einer versteinerten Musik, wenn sie ein architektonisch wohlgebautes Haus bezeichnen mögen. Um noch spitzfindiger zu sein, könnte man die Symphonie einen flüssigen Palast nennen.

„Sturm in einem Glase Wasser" scheint mir eine richtige Bezeichnung für die lächerliche Wuth eines Zwergen, oder als wenn ein Wurm sich nach den Sternen sehnt.

Was entfremdet uns wohl früher unsern Freunden, als eine Reihe von Mißgeschicken, wodurch wir ihnen unnütz und zur Last werden?

Jedes Bild ist schön, wozu Liebe die Farbe gibt.

Ich will eine Liebe, die glücklich macht, aber nicht die eines fieberhaften Paroxismus. Und so sollte es auch mit der Musik sein.

Ein Beschützer der Musen muß selbst ein Mann von Einsicht und Wissenschaft sein.

Es giebt zu allen Zeiten Leute, die nur in ihren Schriften tugendhaft sind, eben so als wie es Leute gibt, die nur Alles von einer Seite betrachten, und darnach urtheilen.

Einer der sieben Weisen behauptet, Tugend sei nichts Anderes, als die reinste Liebe zu allem Schönen und Guten. Nur hat der Mann vergessen, daß man diese Liebe auch in

Anwendung bringen müſſe. Ohne dieſe kann der größte Tugendheld ein großer Faullenzer ſein.

Man kann Alles was man will, wenn man nichts will, was man nicht kann.

Der Tanz, das Ballet gleicht einem lebendig gewordenen Blumenkranze.

Mag auch das Geſchlecht der Troubadours ausgeſtorben ſein, wenn nur der Geſang bleibt.

Viele ſind der Meinung mit der Chlamys, Toga und Tunica *) käme auch der antike Geſang und das Spiel.

Einen Clavierauszug könnte man mit dem Kupferſtich eines Gemäldes vergleichen.

Sail! sail! and never strike! **) ſollte auch der Ruf zum Fortſchritt ſein.

Stürmiſcher Beifall gleicht dem Gewitterregen, der überſchwemmt, aber nicht durchbringt.

Atrium mortis. (Vorhalle des Todes.) Vielmehr der Todesengel vieler Opern, z. B. Spontini, Marſchner, Maria

---

*) Der griechiſche Mantel, auch weites Ober- oder Kriegskleid, Tunica, altrömiſcher Leibrock, von den Männern unter der Toga auf dem bloßen Leibe getragen. Die Tunica der Frauen war länger. T. (Tunique) wird auch das Unterkleid der katholiſchen Geiſtlichkeit genannt.

**) „Segelt! Segelt! und ſtreichet nimmer!“ Der Schlachtruf Nelſon's in der Schlacht von Trafalgar.

v. Weber, Fesca, Meyerbeer u. s. w. vor Allem aber Richard Wagner.

Ein theatralischer Gast ist allemal ein Hannibal ante portas.

Es giebt keine Lage, so niedrig sie auch sei, in welcher der Mensch nicht seine Würde behaupten könnte.

Der Meßkünstler und Rechenkünstler der Tonkunst steht dem Phantasten gegenüber.

Dem Volke (Publikum) gilt der Schein immer für das Wesentliche.

Die ächte Wissenschaft ist immer gerecht und geneigt, mehr Nachsicht gegen andere zu üben, als gegen sich selbst.

Manche Musik gleicht dem Krachen und Knistern von Dornbüschen im Feuer, aber — die Dornen verbrennen nicht, und behalten ihre Spitzen.

Im Jahr 1848 schrieb ich in einem Fieberanfall folgende Grabschrift auf den Stein der mir auf dem Herzen liegt:

> „Hier schläft ein Thor in Todesbanden
> Ein Weiser ist daraus erstanden!"

Ein stetes Ringen nach Besserem und Höherem bestätigt ein neues Motto:

> „Noch einmal will ich ringen, will ich's wagen;
> O, könnte ein Gedanke doch das ganze Leben tragen!"

Karl Spindler.

Hier muß ich mich zusammennehmen, um mich zu con-
centriren, obgleich von meinen Lesern zu erwarten steht, daß
ein jedes von dem berühmten Autor mitgetheilte Wort Aufmerksamkeit verdient.

Von unserer früheren Straßburger Periode habe ich schon
im ersten Theile Andeutungen gegeben. Diesmal aber kommen
wir 1825 in Frankfurt als Familienväter zusammen. In
Hanau wohnend, wo Spindler's Frau (eine geborene Schmieder
unter Eisenhut's Direktion) Schauspielerin war, hatte er bei
mir Interims-Quartier *). Dort begann er seinen Juden. Einst
mußte ich ihn in eine israelitische Familie mittleren Standes
einführen, wozu ich vollauf Gelegenheit hatte. Im gewöhn-
lichen Leben sich lieber unterhalten lassend, als selbst unter-
haltend, wußte er indessen in dieser Familie auf so anmuthige
Weise zu erzählen, daß Alles von ihm entzückt war. Er schien
auf nichts besonderes seine Aufmerksamkeit zu richten, und doch
übersah sein Scharfblick in einem Augenblick alle Gegenstände.
Im Heraustreten sprach er: „Karl, ich habe mir Alles ge-
merkt bis auf das kleinste Schnitzwerk. O, dies Häuschen ist
ein köstlicher Fund für mich.".... Und ob er ihn benutzt in
seinem vortrefflichen Werke?!

Bevor er nun zu seinem bedeutenden Vermögen kam, hatte
er, grade in den zwanziger Jahren, und trotz seiner früheren
unter dem Namen Spinalba herausgegebenen Werke, hatte er,
wie auch ich, mit wirklicher und eingebildeter Noth zu kämpfen,

---

*) Bei J. B. Baldenecker, Seilerstraße in einer Mansarde.

die uns aber keine Sorgen machte. Wie Ebbe und Fluth wechselt, so auch unsere Lebenskräfte, und die daraus resultirenden öconomischen Verhältnisse. Wir hatten lange gemeinschaftliche Kasse, was der Eine, besaß auch der Andere, und deßhalb mußte unsere Brüderlichkeit nur um so enger werden. Erst später, als sein Name durch die Erscheinung seines Juden einen fast fabelhaften Ruf erhalten hatte, und er sich der Anträge von Seiten der Herren Verleger und namentlich der Herren Almanachisten nicht erwehren konnte, fing sein Waizen an zu blühen. Jeder wollte Novellen von ihm haben. „Weshalb," sagte er zu mir, „soll ich meine Phantasie zersplittern an so leichter Waare?" und refusirte alle Anträge. Die Herren verdoppelten, verdreifachten die Sätze, aber Spindler blieb standhaft, und als man eben dadurch angestachelt, nur um so hitziger in ihn drang, sagte er endlich: „Nun, so werde ich so unverschämte Forderungen machen, daß mich die K a i b e*) gewiß in Ruhe lassen werden." Aber die K a i b e gewährten was er verlangte. „Nun gut", lachte er, „so sollen sie erst etwas recht schlechtes haben! weil sie mich so quälen, will ich mich rächen." Und so schob er seine größeren Anfänge bei Seite und schrieb mit wahrer Berserkerwuth, wie er es nannte, fast täglich seine Novelle um den Preis von 25 bis 30 Louisd'or, welche Summen ich ihm gewöhnlich einkassirte und sie ihm in großen Säcken nach Hanau schleppte. Er schrieb von Morgens 6 bis Abends 6 Uhr, fast ohne etwas zu genießen, als sein einfaches Mittagsbrod, am Stehpult, strich mit wenig Ausnahmen nie ein Wort aus, und wenn er sich je unterbrach, so stopfte er sich gemüthlich seine Pfeife, bei

---

*) Ein Straßburger Provinzialismus, soviel als: Vagabund.

welcher Arbeit ihm, wie er meinte, stets neue Gedanken kämen. „Wie bringst Du das fertig in einem Tage?" frug ich ihn erstaunt „wie ist das möglich?" „„Ich weiß es selbst nicht,"" erwiederte er „„ich wollte den zudringlichen Herrn etwas Schlechtes geben, aber ich kann nicht so schlecht sein. Ich fühle halt, daß ich zum Schriftsteller geboren bin."" „Nun," antwortete ich lächelnd „um solche Preise hat man gut R a c h e üben!" Glück muß der Mensch haben! Spindler erhielt allein für die E r f ü l l u n g d e r B i t t e: seinen Namen auf den Titel des bänderreichen belletristischen Auslandes zu setzen (Stuttgart bei Frankh 1843) obgleich er noch kaum einen Blick in den Inhalt dieser Bücher geworfen, erhielt dafür allein eine sehr bedeutende Summe! Wie ich selbst nun dazu kam ein Recensent zu werden, dürfte einer der pikantesten Punkte in diesen Blättern sein:

Als im März der Buchhändler Wenner dem so schnell berühmt gewordenen Zöglinge Fortunens die Redaktion der Iris übertragen mochte, konnte sich Spindler noch nicht dazu entschließen und verreißte auf kurze Zeit nach Köln. Nach seiner Rückkehr nahm er endlich den Antrag an. Aber, regelmäßig in's Theater gehen und Recensionen schreiben, mußte für Karl's Charakter ein Gräuel sein. Und so war es auch, und nachdem er einigen Schauspielern und Sängern die Hölle heiß gemacht, übertrug er mir dies ehrenhafte Amt. „Ich muß, wie Du weißt, oft nach Hanau hinüber," sprach er, „Dein Ehrgeiz hat Spaß an solchen Dingen, zu dem kannst Du die Logenbillette nach Belieben benützen, und da unsere Handschriften sich überhaupt gleichen, so wird es Dir ein Leichtes sein, die weisen Herren zu unserer aller Vortheil zu täuschen. Denk' nur immer hübsch an das »fiat justitia«, dabei drückte er

mir die Hand, und davon war er. Mir aber schwoll di
Brust hoch auf, daß ich das Secirmesser der heiligen Herman-
bad erfassen durfte. Also flossen eine geraume Zeit lang Spindler's Kritiken aus meiner Feder. So ist der Mensch ein Ge-
schöpf des Vorurtheils. Man hätte auch gewöhnliche Hülsen-
frucht für Ananas verspeißt, da der Kochherr einen solchen
Namen trug. Als Spindler mit ironischer Freude sich selbst
lesen mochte, so tadelte er mich, obgleich nur ob meiner allzu
großen Nachsicht. Er meinte, man müsse dem Volke mehr die
Zähne weisen, damit es nicht so übermüthig würde. Das konnte
ich nun nicht. Ich dachte mehr durch Güte als durch Bissig-
keit auszurichten, weshalb ich nicht selten Panegyriker ge-
scholten wurde. Indessen, wo es Noth that, konnte ich auch
Strenge üben. Um nicht langweilig zu werden, that ich etwas
Pfeffer dazu, und das war was vielleicht am meisten ansprach.
Mit einem Wort, ich suchte zu bessern, und nach meiner
Ueberzeugung ließ sich das nur auf dem Wege gemäßigter Strenge.
Ob mir das jemals gelang? Wer mag das wissen? Aber ich
denke, wenn ich nur einen Einzigen auf schlechtem Wege
zur Umkehr oder durch Warnung wenigstens zum Nachdenken
gebracht .... so hätte ich meine Mission schon erfüllt.

Ein Faktum, dessen sich vielleicht Niemand mehr erinnert,
ist, daß, nachdem Ihlée schwer erkrankt war, Spindler im
Juni 1827 wegen Uebernahme des Theaters mit Leerse und
Wilmans in Unterhandlung stand. Auch Hofrath Berly war
interessirt bei der Sache. Zu meinem Erstaunen schien er nicht
abgeneigt, den Antrag anzunehmen. Als er sich aber die Schau-
bühne und deren artistische Verhältnisse näher beschaute, schrieb
er am 3. August ab. Als ich mich nicht zufrieden geben wollte,
schalt er: „Willst Du meinen Tod? ich sollte diese Augias-

Arbeit übernehmen und auf meine literarischen Arbeiten ver=
zichten? Es thut mir leid um Dich. Ich hätte Dich wenig=
stens zu meinem Staatssekretär gemacht. Aber glaube mir, es
ist so besser. Ich hätte es in der Bude nicht acht Tage aus=
gehalten. Und so war's alle mit meiner Staatssekretärschaft.

Am 11. Juli desselben Jahres starb Ihlée, von Jeder=
mann betrauert.

Nachdem Spindler sich für längere Zeit in Hanau nieder=
gelassen, machte er verschiedene Reisen, und hätte — nament=
lich in Stuttgart, wo er mit Herrn von Chezy die Damen=
zeitung redigirte — noch zu höheren Würden gelangen können
(den Doktor ließ er sich gefallen, den Hofrathstitel aber ver=
bat er sich), wenn er sich der schrecklichen Etiquette nur einiger=
maßen hätte fügen wollen. Aber er konnte seines Vademekums,
seiner Tabakspfeife, nicht entbehren.

Ich unterdessen hatte mich immer tiefer in das Recensir=
wesen hinein versenkt, welches „so weit die deutsche Zunge
reicht" unsere Kunstblätter bestätigen können. Von der Re=
daktion der Damenzeitung z. B. erhielt ich im März 1830
die Nachricht, daß Spindler dieselbe in Saphir's Hände ge=
geben. Das folgende wörtlich aus meinem Tagebuch: „Er
(Spindler) selbst schreibt ein paar unleserliche Buchstaben da=
runter, daß er mir bald das Nähere darüber mittheilen werde.
Das Postzeichen war von München, das Datum von Stutt=
gart. Ferner stellt man mir frei, ob ich meine Manuskripte
zurück haben, oder sie dem Herrn Saphir übergeben wolle.
Ich schrieb sogleich, daß mir ein Rapport mit Saphir unter
den früheren Bedingungen genehm sei.

Ferner „ich erhielt ein Schreiben aus München von der
(berühmten!) Wilhelmine von Chezy, daß sie selbst einstweilen

die Redaktion der Damenzeitung übernommen bis Spindler
wieder zurückgekehrt sei, und ersucht mich mit meinen Sen-
dungen fortzufahren" u. s. w.

Daß diese galante Zeitung nur eine kurze Lebensdauer
hatte, ist bekannt.

Ohnstreitig das liebenswürdig Hervorragendste in meinem
Leben waren meine Reisen und Abstecher nach Baden-Baden,
Aschaffen-, Frei- und Homburg, nach dem Odenwald, nach Köln
u. s. w., welche ich ganz kurz wiedergeben will.

Es war im Mai 1827 als wir uns für 14 Tage mit
Geld versorgten, die Ränzel auf dem Rücken und gleich ge-
kleidet nach Mainz wanderten. Abwechselnd schrieben wir unser
Tagebuch mit gewissenhafter Genauigkeit.

Ein Pröbchen hiervon machte Karl und es ist nur traurig,
daß nebst dem Stilus nicht auch die Klaue gehandhabt werden
kann :.

Abfahrt nach Mainz am 12. Mai.

„Punkt 10 Uhr die Decken gelichtet. Bunte Gesellschaft auf
dem Marktschiff, aber der Schmuck derselben, die Mädchen
mangeln. Anfang der Reise langweilig wie der blaue Himmel
über uns. Auf der Puppe des Schiffs der Vater Afiano Otto
von Frankfurt, uns in Mainz Gott Lob wieder verlassend.
Postdiner zu Höchst. Karl gewinnt Kraft, einen naseweisen
Schwengel aufzuziehen, der über Religion und Kirche dumm-
mes Zeug schwatzt und mitunter Zoten reißt u. s. w.". . . .
„Ankunft zu Mainz. Man fällt über unser Gepäck her wie
Raubgesindel. 1. kh. *) Reisegeist" u. s. w.

---

*) Kurhessischer?

In Mainz besuchen wir die Opernprobe (Sängerinnen auf
dem Lande). Mein alter Würzburger Lehrer R. ist dort, mit
Spindler's Worten „ein Geck von Direktor" und fällt seinem
Discipulo um den Hals. Einen anderen Ausdruck gebraucht
unser Tagebuch als uns die Herren Mimen umstehen: „Die
Theatralisten sehen uns an wie die blauen Hunde."

Man muß gestehen, daß ·in solchen Fällen der Humor
keine Gränzen mehr hat.

Etwas schwungvoller behandelte ich unser Tagebuch nach
diversen Rhein-Kreuzfahrten hin und her: „Auf einer Tells-
Anhöhe ohnweit Boppart und vis à vis der zwei Brüder
(nahe beisammen liegende Burgen auf dem rechten Rheinufer)
verzehren wir um Mittag unter Glockengeläute nahe liegender
Dörfer unter Gottes freiem Himmel unser frugales Diner
aus Wurst, Brod und einem Fläschlein Bordeaux bestehend.
Nicht zu vergessen, daß gerade am Loreley-Felsen das Dampf-
schiff in kühnen Wendungen vor unserm Blicken hinabschoß,
und sich bald wie ein Riese im Thal verlor. Unter Boppart
schneiden wir links ab über den Jakobsberg, auf dessen hohem
Gipfel eine Meierei stolzt" u. s. w. Diese Kölner Reise sei
mit der Erinnerung an den Sitz auf jener Tellsanhöhe ge-
schlossen:

„Sag' an, mein Junge" sprach ich, so wie wir jetzt da-
sitzen mit olympischem Behagen, die Taschen wohlgefüllt, strah-
lend von Gesundheit und auch des Geistes wohl nicht entbehrend, noch viele Tage freie Muße· und bei der Rückkehr
eines liebenden Empfanges gewärtig von Weib und Kind, sag'
an — sind wir denn jetzt auch ganz glücklich?"

Da antwortete der Freund, indem sich sein dunkles Auge
ahnungsvoll umwölkte: „In so fern es ein Glück giebt, mag

es drum sein. In diesem Moment sind wir's noch leiblich und zufällig — aber weshalb muthwillig böse Geister heraufbeschwören? Komm', laß uns weiter gehen." Hastig packte er zusammen, und lange wanderten wir stillschweigend neben einander dem Thale zu, bis heitere Gegenstände uns wieder heiter stimmten.

Eine Partie mit Offenbacher Freunden, Pirazzi, dem biederen Scholl u. A. im Mai 1828 nach dem Odenwalde war nicht minder interessant, obgleich geräuschvoller. Ich lasse hier wieder mein Tagebuch sprechen:

„Dienstag am 23. Mai, besahen wir in Michelstadt und Erbach die Rüstkammern. Hier beginnt der eigentliche Odenwald. Wilde, majestätische Gegenden, schauerliche Gründe wechseln mit jedem Schritt. Flott und rüstig aber gings darüber her, unsere Cicerone nebst dem getreuen Packesel stets vor uns. So fort und fort an Schloß Reichelsheim vorbei mit seinen drei lieblichen Seen bis zur Ruine Rodenstein, dem Stapelplatz unserer Unternehmungen. Da hier nur Speck und Eier unsere Nahrung, so dichteten, componirten und sangen wir ein dreistimmiges Eierlied, das aber gleich nach der Aufführung in lichterlohen Flammen aufgehen mußte, denn ein solcher Moment darf nur geboren werden, damit er gerichtet wird. Er steht über jeder Censur. Aber noch zweierlei datirt sich von dieser Reise her: Spindler's bekannte Novelle „das Rittergespenst von Rodenstein," woraus ich später meinen von J. Löbmann componirten Operntext gleichen Namens hernahm. Somit dürfte dieses Plätzchen schon einiger Erinnerung werth sein.

Meine Anhänglichkeit an Spindler war aufrichtig, aber zu unbedingt, um nicht hier und da in Collision mit mir selbst zu kommen, und war die Aeußerung, daß ich sein Leporello sei, auch im Scherz gesagt, so fühlte ich doch ihren Stachel. Oft lief ich in neun Viertelstunden hinüber nach Hanau und in eben so viel Zeit zurück, wo wir dann einen Sommertag lang mit einander herumstreiften. Auch wenn ich ihn in Frankfurt erwartete und er sich verspätet, ließ ich, ungebulbig wie ich einmal bin, eine Kutsche anspannen (denn Droschken gab es damals noch nicht), um den Freund abzuholen, der mir dann ganz gemüthlich entgegen kam, und mich auslachte. Zu jener Zeit noch jovial und zur Lachlust geneigt, sobald er sie nicht selbst erregen mußte, wurde seine üble Laune doch nach und nach sehr störend. Von Jahr zu Jahr unzugänglicher, faßte er für mich doch eine besondere Vorliebe, ein eigenes Ver-trauen. Obgleich in glücklichen Momenten der liebenswürdigste Gesellschafter und der geistvollste Redner — sobald er es ab-sichtlich darauf anlegte — war er im Ganzen doch der Ty-rann seiner Umgebung, wurde sarkastisch, oft das Heiligste verspottend. Wahrscheinlich gährte damals schon die Boa con-strictor in seinem Blute.

Später kaufte er sich in Baden und Freiburg an, und nichts glich der Herzlichkeit, womit er mich bei sich empfing. Desgleichen besuchte er mich auf seinen Reisen, ohne daß ich mein Urtheil über ihn und meine alte Neigung zu ihm änderte. Zweier besonderer Umstände seien hier wegen ihrer Eigenheit und — Vergänglichkeit er-erwähnt. So oft mich auch die Sehnsucht antrieb, die Tochter Spindler's, Fanny, an mein Herz zu schließen, und so sehr sie selbst den Wunsch gehabt haben mochte, den Freund ihres Vaters kennen zu lernen, so oft sich auch die beiden Väter besuchten, immer war Fanny auf ihren Maler-Touren in München, Düsseldorf oder anderswo beschäftigt, und so verstrich die Zeit bis zu jener Periode die ich bereits früher angedeutet. Geschätzt aber — getrennt und ungesehen sollte sie von mir scheiden.

Copie aus meinem Tagebuch: „Einstens an der table d'hôte (in den vierziger Jahren) in Gegenwart des Blind brach Spindler plötzlich in die Worte aus : „„Höre Karl, wenn Du einmal stirbst, so vermachst Du mir Deine Familie. Ich scherze nicht, Blind ist mein Zeuge!"" — Er sah mir ernst in's Auge, und wir drei stießen die Gläser hart an einander. Den Schicksalstragödien zufolge, hätte Karl's Glas eigentlich springen müssen!

Und nun zu den Briefen unseres Freundes, von denen einzelne Copien wohl an Ort und Stelle sein dürften. Ich besitze deren, außer manchen verloren gegangenen, verschenkten oder weniger beachteten, wohlgezählt ein Häuflein von einigen 70 Stück. Die meisten dieser Briefe handeln von Danksagungen für Dienstleistungen, von neuen Aufträgen, Geschäften mit Buchhändlern, Klagen über Zeit, Menschen und Gesundheitszustände und von Einladungen, denen ich auch meistens folgte, weshalb die Abschriften extemporisirter und naturwüchsiger Ausdrücke um so mehr Theilnahme finden dürfte. Habe ich endlich mehr dieser Briefe aufgenommen, als zur Beweisführung des Spindler'schen Styls nöthig, so geschieht es in der Absicht unser beider Selbstschau zu ergänzen. Auch versteht es sich von selbst, daß ich in diesen Abschriften keinen Gebrauch von seiner Stenographie machte, deren wir uns nach Studiosenbrauch stets bedienten. Im Ganzen glaube ich am besten zu verfahren, wenn ich (nebst Hanau) von jeder größeren Stadt einen solchen Brief excerpirt gebe.

Hanau den 13. October 26 ... Mein lieber G.!

Meine gegenwärtig durch manche Versäumniß angehäuften

Beschäftigungen erlauben mir nicht, vor nächstem Mittwoch Deinem Wunsche zu willfahren. Ich denke indessen — wenn die Sache wirklich pressant ist — so kannst Du mich schriftlich mit ihr bekannt machen, oder in den Weinlese-Ferien einen Tag deshalb bei mir zubringen. Da gegenwärtig das Morgenblatt und der Jude mir wie Zentnersteine auf dem Nacken liegen, ist mir ein halber Tag Versäumniß sehr schwer einzubringen u. s. w.... Dein aufrichtiger Carl.

Hanau den 19. Febr. 1826 ... L. G.

..... Ich habe an Wenner eine charmante Erzählung geschickt und ihn um schleunige Antwort ersucht, aber noch keine erhalten. Ist er so saumselig? Hast Du mit Schnyder *) noch nicht gesprochen? Es läge mir unbeschreiblich viel daran, den Eremiten erstens so vortheilhaft als möglich, und zweitens so schnell als möglich unterzubringen. Du kannst Dir leicht denken, daß, im Begriff, eine weite Reise zu machen, ich jeden Gulden zusammenhalten muß.

Von Spindler's Frau:

Hanau den 16. März 1826. Glück und Heil dem verehrten Schriftsteller zu seinem 30. Geburtstag. Wäre Ihr schöner Aufsatz schon eingerückt, so hätte ich jetzt das Vergnügen, eines Ihrer Geisterkinder Ihnen in der Maiblüthe übersenden

---

*) Xaver Schnyder von Wartensee. Gänzlich unbekannt dürfte es bis jetzt wohl geblieben sein, daß durch Schnyders Vermittelung unser Spindler nicht allein mit Wenner (Verleger der Iris), sondern auch mit dem Buchhändler Engel in Heidelberg in Verbindung getreten ist, wodurch eigentlich des noch jugendlichen Schriftstellers Laufbahn gegründet wurde.

zu können. Da aber Kittsteiner so lange zögert u. s. w. Mein kleines Mädel*) macht ihr Compliment. Fanny Sp.

Von derselben

Hanau den 27. Mai 26 ... Werther Herr Freund. Carl ist nicht in Köln, sondern in Trier. Sein nächster Brief wird entscheiden, ob ich von hier abreise, oder Carl wieder zurückkehrt. Dieses hängt Alles von der geneigten Antwort des Hrn. Wenner ab, die wohl bereits erfolgt sein muß, der, als er mir die Blätter der Iris schickte, das Versprechen gab, seine Willensmeinung in den nächsten Tagen Carln mitzutheilen u. s. w. Ihre Sie hochschätzende Freundin Fanny Spindler.

Hanau den 9. Febr. 1827 .... Liebster Freund, Gevatter und Zweihundertguldenmann ...... Vielleicht ist es Dir nicht uninteressant, zu vernehmen, daß Sauerländer von Frankfurt vorigen Samstag (expreß um mich zu sprechen) hierher gekommen ist, und mir den Antrag gemacht hat, einen Almanach unter meiner Redaction herauszugeben u. s. w.

Hanau den 2. Mai 1827 ..... Mein guter Hofrath Schütze in Weimar geht nächster Tage nach Carlsbad. Wollten wir nicht auch dahin einen kleinen Abstecher machen? u. s. w.

Hanau den 2. Juli 1827. P. C. für Deine Bemühungen danke ich Dir herzlich. Nur weiß ich nicht, warum Dein Brief mich so sentimental anzugreifen gedenkt. Bist Du mir jemals weniger geworden, als vorher? Das, mein Guter, ist

---

*) Mithin habe ich Spindlers Töchterlein in ihrer ersten Kinderzeit wohl auf meinen Armen getragen, dann aber auch niemals mehr wiedergesehen.

ein bischen barock. Da aber selbst diese Bizarrerie aus gutem
Herzen kommt, so magst Du meine Versicherung hinnehmen,
daß Du nie aufgehört hast, mein bester Freund zu sein u. s. w.

Hanau ben 12. Mai 1828 ... Meine Frau ist davon
gelaufen, ich bin Strohwittwer. Tröste mich. Ich käme ein=
mal hinüber, aber ich habe zu viel zu thun, ich bin nur Je=
suit u. s. w.

Stuttgart ben 8. März 1829 ... Meine Verhältnisse
sind, wie ich hier im Augenblick nur wünschen darf: bescheiden,
anspruchslos aber genügend. Dieses „Genügen" ist mehr als
Reichthum, denn ersparen kann ich bei so großer Familie doch
nichts. Du bist mit Lindpaintner in Verkehr. Kann ich Dir
bei ihm in etwas nützlich sein? Wir stehen gut; ..... A
propos ... hast Du nicht ein Paar alte Charaden oder der=
gleichen, ich kann jetzt solches Zeug in der Damenzeitung
brauchen. Oder willst Du Frankfurter Correspondent in der=
selben werden? u. s. w. In Bezug auf Lindpaintner, mit dem
ich mich wegen eines Operntextes nicht einigen konnte, schreibt
er mir nur unzuverlässiges Zeug.

Stuttgart ben 10. Mai 1829 .... Gehst Du übri=
gens nicht auch zu flüchtig von einem Sujet zum andern über?
Du scheinst viele Zeit auf das riskirte Geschäft zu verwenden.
Indessen, wenn Du's recht findest! u. s. w.

Von der Solitude ben 14. Juli 1829. Ich komme
soeben von einer kleinen Fahrt ins Wildbad zurück, und fand
für meinen Kummer ein Labsal in Deinem Briefe. Für mei=
nen Kummer sagte ich: Die Erynnien haben das erste Opfer
von mir gefordert. Meine Mutter ist gestorben. Wir sind alle
in die tiefste Trauer versetzt und Freundeswort ist mir jetzt

nöthiger als je. Erwarte vor der Hand keine Details . . . . .
Mit aller Theilnahme auf ewig Dein Spindler. N. S. Deiner
Frau, den Offenbachern und dem Dr. Clemens meine herz-
lichen Grüße.

München den 18. Januar 1830. Alles erhalten, mein
Guter, Alles gedruckt. Soll berechnet werden, wenn es ein
Bogen oder dergleichen ist . . . Schicke Deine Opuscula unter
der Adresse: Redaction der Damenzeitung. Weinstraße No. 122.
Besser aber: An die G. F. Franck'sche Zeitungsexpedition u. s. w.

Baden den 1. Mai 1833. Dein Brief, obgleich sehr
wunderlich, hat mich gefreut, namentlich in seiner Schlußstrophe.
Also, nach langen Stürmen, Glück auf! u. s. w.

Die Briefe aus Mainz und Wiesbaden lasse ich unbeachtet, da sie meistens nur Reminiscenzen geben.

Von Donaueschingen schreibt er mir am 18. Juni
1843, daß er die ganze Schweiz bereise.

Baden den 3. Febr. 1843 . . . Deine Silhouetten habe
ich mit viel Antheil, auch mit mancher Zwergfellerschütterung
gelesen, und bin bereit, Dir für Deine neuen Producte einen
Verleger zu verschaffen, so gut als ich einen finden kann.
Vielleicht, wenn mir ein Project einschlägt, könnte ich sie selber
Dir ablaufen u. s. w. Du solltest übrigens Dein unverkenn-
bares Talent nicht so in Journalen zersplittern, sondern einmal etwas Zusammenhängendes, ein Ganzes, so einen musikalischen Wilhelm Meister schreiben, und darinnen namentlich die Virtuosenmanie unserer Zeit gebührend be-
handeln. Wir könnten dann vielleicht ein Geschäftchen machen,
das eigentliche quid und quando sage ich Dir mündlich. Bis
Mai wird, denke ich die Bombe platzen u. s. w.

Baden 30. 1. 44. ... Schreib' mir etwas über das L.....*) Heigels „Osterfest zu Paderborn", und was an der Musik ist.

Baden 23. 4. 46. ... Unser P...!!! ja wohl! ja wohl! ich hätte ihn sehen mögen auf den Bänken des Leipziger Concils, den ehrwürdigen Kirchenvater und Mitstifter. Ohne Zweifel wird er künftig helfen, daß die Deutschkatholischen vis-à-vis von Rom andere Saiten aufziehen. Auch ich habe neulich einmal hier in Baden, zufällig ohne gesehen zu werden, einem Winkel-Concil beigewohnt, dessen Lehrväter Burschen von 20—25 Jahren waren, Juden und Christen, Ladenjungen und Garderobegesellen, die auf die ernsthafteste Weise über die Ohrenbeichte und die Sakramente verhandelt. Das war schön! Dergleichen gehört aber in unsere hohle, elendige Zeit u. s. w.

In einem Schreiben aus Freiburg den 19. December 1847 interessirt sich Spindler sehr für meinen Roman „der Unsterbliche" und verspricht in Verbindung mit Chezy Verbreitung des Werks, obgleich er mit dem letzten Drittel des Buchs nicht wohl einverstanden ist. Von meiner Geschichte der Musik spricht er als von einem fait accompli, obgleich ich selbst noch gar nichts davon weiß u. s. w.

Freiburg den 1. April 1849. ... In Folge unserer lüderlichen Zustände ging ich, nachdem ich die Quasi-Republik einige Wochen ausgehalten auf und davon**). Mein Lustspiel: „Der Roman eines Abends" beurtheilt er im Ganzen günstig,

---

*) Eben kein schmeichelhaftes Epithet.
**) Nach früheren Andeutungen wahrscheinlich nach Italien.

doch kann er sich seiner eigenen Novelle gleichen Namens nicht mehr entsinnen.

Freiburg den 12. Mai 1849.... Was ich schon lange lange geahnt, aber mit Fleiß mir immer aus dem Kopf geschlagen, scheint zur schaudervollen Gewißheit zu werden. Gott besser's! und geb' es gnädiger, als zu hoffen ...

Freiburg den 25. Mai 1850. Ich könnte mit 2000 Rubeln Silber in Petersburg litteraticè angestellt werden...! ist das nicht eine schöne Gegend? und ich Undankbarer hab's ausgeschlagen und brauche doch so nothwendig Geld!... O, des Menschen Herz ist ein trotzig und verzagt Ding ...

Freiburg den 30. Mai 1851. Dein Brief hat mir Freude gemacht, obschon er vielleicht wieder das Aufblitzen einer Wallung gewesen, denn Du schweigst, und bindest wieder an, alles ad libitum. Item ich bin Dir dankbar für die Erinnerung u. s. w. Von meinen Sanitätszuständen rede ich nicht gern, geschweige, daß ich davon mehr schreiben möchte. Meine Aerzte wollen mich nach Homburg jagen u. s. w.

Spindler lebte einige Monate in Homburg in angenehmen Hin- und Herbesuchen.

Homburg den 3. Juli 1851. Ohne anständiges Briefpapier diesen Wisch in Antwort auf Dein Heutiges. Wenn noch am Leben seiend, ich am Samstag zur bestimmten Zeit dort .... Deine Frau soll nur die Bratspieße ruhen lassen. Ich bin auf Hungerkost gesetzt u. s. w.

(Nachdem Spindler's Gesundheitsbulletin günstiger lautet, schreibt er:)

Freiburg den 17. Juli 1851.... Den Anzeiger habe

immer noch nicht. L. S. wird ohne Zweifel die Sache sehr
à piacère betreiben, und selber nachfragen mag ich nicht.

Freiburg den 9. April 1852. (Von fremder Hand.)
Es gibt Leute, die von Natur dermaßen wetterlaunisch sind,
daß sie nicht selten den guten besten Freund über ein Jahr
ohne Brief und Antwort lassen u. s. w. Dem Anzeiger-Krebs
kannst Du meine Empfehlung sagen, ihm jedoch bemerken, daß
ich vor der Hand außer Stand bin, ihm eine Novelle zu liefern. Bin noch lange nicht mit meinem „Teufel" fertig, und
ärztlich ist mir verboten, nicht nur das Selbstschreiben, sondern sogar das häufige Diktiren, damit der Blutandrang nach
dem Kopfe nicht überhand nehme. Im Uebrigen gefällt mir
der Anzeiger gar nicht übel, und der Artikel über Theater*)
und Musik interessiren mich sogar. Dein „Kolporteur" (von
Onslow komponirt) soll gut aufgenommen worden sein u. s. w.

Baden den 17. August 1852. . . . Wenn, wie ich nicht
zweifle, die Hochzeit der Brautschau Deines Sohnes Adolph bald
nachfolgt, so wäre es schön von Dir, wenn Du das junge Paar
ein Bischen nach Baden spazieren führtest; sollte das nicht
angehen, so komme selbst u. s. w. Folgen Einladungen.

(Nun fahren die Badenser Briefe in wieder aufgenomme-
ner Selbstschrift noch lange fort, ohne aber ein besonderes
Interesse hervorzurufen, weshalb ich dieselben überschlagen kann.
Folgende Skizzen möchte ich jedoch nicht fehlen lassen:)

Der abermals diktirte Brief vom 7. Januar 1858 ist
vielleicht der gemüth- und herzlichste der ganzen Sammlung,
und erpreßt mir fast die Abbitte, wenn ich den Freund als

---

*) Ob Spindler mir damit ein Compliment hat machen wollen,
weiß ich nicht, aber er mußte doch wissen, daß ich damals die Kritik
über Theater und Musik im Anzeiger lebhaft handhabte.

hart und launenhaft geschildert. Spindler, nachdem er seinen Lebensüberdruß geschildert, verlangt wiederholt die See- und Landbriefe, die mein Sohn Wilhelm mir von Australien aus schrieb. Auch unseres stets heiteren Freundes Herrmann, Haupt-pächter der Homburger Kurhausrestauration, dessen wahrhaft üppige Gastereien mit Zuziehung einiger jovialen Ebenbürtler uns wahrhaft bezauberten, gedachte dieser Quartalbrief, dessen Schlußform dann gewöhnlich lautete: Dein unaufhörlicher Freund C. Sp.

Baden 1854. (Hier das Datum ausgelassen.) Ich bin nämlich in Folge der traurigen Zeitverhältnisse und der fort-schreitenden Spitzbüberei in diesem Jammerthal in eine Reihe von Prozessen gerathen, die drei Viertheile meines bischen Habe in Frage stellen, und mich nebenbei noch das wenige Geld kosten, das ich noch besitze. Ich müßte immer auf dem Platz sein, um zu klagen und zu drängen, um zu pfänden, und all die tausend Schlechtigkeiten durchzumachen, die meine Schufte von Schuldner vor allen Gerichten und Hofgerichten durch-treiben, um Zeit zu gewinnen, ihr Vermögen wie Diebe zu retten, und mir als Rest so und so viel schlechte Häuser und abgewerthete Grundstücke zu hinterlassen — wenn die Sache noch gut steht!!!

In Beziehung auf mancherlei Klagen über älter werden u. s. w., äußert sich Spindler:

Baden den 8. April 1854. In dieser Richtung sind meine Gedanken ohngefähr folgende: „Gefällt uns das Leben nicht, so ist's ein Glück, nahe am Ausgang desselben zu stehen. Kommt es uns aber schön vor, welch ein Glück, so viele Jahre bereits genossen zu haben, während so manche Weltbrüber so frühe baraus scheiben gemußt!! Und barum: Vivat senectus in æternum!" u. s. w.

Der letzte Brief dieser Sammlung — bis auf einen, der sein Leben zerriß — nachdem er den herrlichen Frühling preiset und (welch ein Kontrast) von Krebs die Gerichtszeitung emsig requirirt, ist vom 13. April 1854 batirt und sagt unter Anderem: „Von Deiner Lohengrinwuth*) wirst Du doch jetzt wieder zu Dir selbst gekommen sein? Mich machte Wagner auch so besoffen, daß ich nichts mehr von ihm mag. Aber so sind in puncto Musik die Alten: sie hängen nur an der guten alten Zeit, haben für die Musik der Zukunft keinen Sinn u. s. w. Dein semper idem Spindler."

Wenn nun seit 11 Monaten unser Briefwechsel stockte, so sah ich darin nichts besonderes, da Spindler häufig auf Reisen war, und zudem seine Fanny ihrer balbigen Vermählung zueilte. Endlich erhielt ich ein Schreiben vom 1. März — jenes Lebenzerreißende — dem auch (welch ein Donnerschlag für mein Herz) vier Monate später die Nachricht von dem plötzlichen Tode meines unvergeßlichen Freundes folgte. Daß es meiner blutenden Seele an Worten des Trostes fehlte für die arme Tochter ist begreiflich, und . . . . . allein ich glaube am besten zu verfahren, wenn ich hier einen Abbruck aus der Dibaskalia vom 26. Juli 1855 wiedergebe, der die Leidens-geschichte des Dahingeschiedenen in kurzen aber bezeichnenden Worten schildert:

In dem in No. 169 b. Bl. enthaltenen Nekrolog über den am 12. b. M. in Freiersbach in Baden verstorbenen Novellisten E. Spindler wurde angebeutet, daß derselbe schon

---

*) Ich weiß von keiner Lohengrinwuth, und unser Freund mag diese nur subsonirt ober fingirt haben.

seit mehreren Jahren körperlich leidend und dadurch nicht sel=
ten verstimmt gewesen. Auch hat er sich schon seit längerer
Zeit und besonders neuerlich den ihn erfüllenden Ahnungen
seines herannahenden Todes hingegeben. So schrieb er am 1.
März d. J. an einen seiner ältesten und vertrautesten Freunde
aus der glücklichen Jugendzeit, an C. Gollmick in Frankfurt
a. M., u. A. Folgendes: „Mich freut's aus Deinem Schrei=
ben zu entnehmen, daß Du wohlauf und, wenngleich gelang=
weilt hie und da, dennoch zufrieden bist. Ich kann von mir
ein Gleiches nicht sagen. Schon seit vorigen Sommer quält
mich ein schmerzhaftes Unterleibsleiden, sammt Kummer und
Verdruß mannigfaltigster Art. Es geht eben zu Ende, mein
Lieber, und je früher das geschähe, je besser wär's. Details
einmal später. Ich bin am baldigen Ziel des Lebens, verbleibe
aber Dein alter Freund und Bruder." — In Folge der auch
nach Frankfurt gelangten Trauerkunde von dem Ableben Spind=
ler's, fühlte sich C. Gollmick gedrungen, ein herzliches Schrei=
ben an die Tochter seines Jugendfreundes zu richten, in welchem
er sie mit warmen Freundesworten zu trösten und zu ermun=
thigen versuchte. Dieses Schreiben wurde bald erwidert, und
ist uns von Hrn. Gollmick auf unser Ersuchen zur Veröffent=
lichung überlassen worden. Dasselbe ist von dem eben ver=
mählten Gatten der einzigen Tochter Spindler's, dem Maler
August Rißler aus Elsaß in französischer Sprache geschrieben
und lautet in wortgetreuer Uebertragung also:

Cernay, Departement Oberrhein, 20. Juli.

„Meine Frau, die Tochter des verstorbenen Spindler,
trägt mir auf, Ihnen zu melden, daß sie Ihren lieben Brief
erhalten hat, und zwar durch Vermittelung meines Bruders
Jeremias Rißler in Freiburg. Sie bittet mich, Ihnen vor

Allem herzlich zu danken für die warmen Trostesworte, welche ihr zu spenden Sie so theilnehmend waren, bei Veranlassung eines schweren Verlustes, der sie eben so unerwartet, als unter Umständen, wo man auf solche Schicksalsschläge nicht gefaßt ist, getroffen hat. Die Trauerkunde ereilte sie am Tage nach ihrer Vermählung mit mir, die am 12. d. M. inmitten meiner Familie in Cernay stattfand. Am 9. d. M. hatte meine liebe Fanny Baden-Baden verlassen, um mich in Straßburg abzuholen und von da mit mir nach Cernay sich zu begeben. Schon seit einiger Zeit befand sich ihr Freund Spindler in dem Badeorte Freiersbach. Von Appenweyer aus wollte er Fanny hierher begleiten, fühlte sich aber leider zu schwach, um sein Vorhaben ausführen zu können. Schon ein Paar Tage früher war er so angegriffen, daß er, wie wir später erfuhren, Herrn Börsik, den Eigenthümer des Badehauses, zu sich kommen ließ, und zu ihm sagte: „Ich fühle, daß ich nur noch wenige Momente zu leben habe. Ich bitte Sie daher, über dasjenige zu wachen, was mir hier angehört und solches an meine Tochter Fanny in Baden gelangen zu lassen. Melden Sie ihr alsbald meinen Tod und tragen Sie dafür Sorge, daß mir auf dem Kirchhof ein passender Platz (une place convenable) zu Theil wird. Herr Börsik suchte ihn zu trösten, aber wir wissen jetzt nur zu gut, wie begründet das Vorgefühl seines nahen Todes gewesen. Als er nach Appenweyer gekommen war, um von seiner lieben Tochter Abschied zu nehmen, war er tief bewegt, und gab ihr seinen väterlichen Segen. Fanny aber dachte nicht daran, daß der Tod ihres Vaters so bald erfolgen werde. Schon in der Frühe des Tages nach ihrer Verheirathung erfuhr sie das Hinscheiden ihres geliebten Vaters und zwar durch unsern Freund, Hrn. Schaller,

der selbst nach Cernay kam, um uns die Trauerkunde mitzutheilen. Sogleich begaben wir, Herr Schaller und ich, uns nach
Freiersbach, um für das Begräbniß die erforderlichen Anord-
nungen zu treffen. Indessen hatten Herr Börsit und seine
Freunde, Hr. Advokat Schmitt aus Freiburg, Hr. Professor
und Pfarrer Stumpf, Hr. Trottor, Hr. Schell u. A. schon
Alles besorgt. Der Beerdigung am 13. d. M. wohnten außer
den Freunden des Verstorbenen noch sehr zahlreiche Leibtragende
aus allen Ständen bei. In der Kirche wurden ihm zwei Messen
gelesen und sein Leichenzug war von einer ergreifenden Trauer-
musik begleitet. Ich habe ihn, als er schon im Sarge lag,
noch einmal gesehen und der ruhige und friedliche Ausdruck
seines Gesichts bewies, daß er schnell und ohne Schmerzen
gestorben ist. Am 11. ds. Mts. machte er noch mit seinen
Freunden HH. Stumpf und Schmitt in den Abendstunden
bis gegen 8 Uhr einen Spaziergang und unterhielt sich mit
Ihnen sehr lebhaft, indem er von seinen literarischen Pro-
jecten, die er noch in Aussicht habe, sprach. Gegen Mitternacht wurde die Schelle seines Zimmers mit Heftigkeit gezogen. Man erwachte und eilte dorthin. Die Thüren des einen
wie des folgenden Zimmers waren von innen verschlossen und
mußten gewaltsam aufgebrochen werden. Man fand ihn bereits
sterbend und nicht mehr zu sprechen vermögend. Der schnell
herbeigeholte ärztliche Beistand konnte keine Hülfe mehr bringen.
Nochmals, geehrter Herr, den herzlichsten Dank von meiner
lieben Frau und mir für ihre treue Freundestheilnahme. Wenn
Sie wieder nach Baden kommen, so werden Sie uns gewiß besuchen
und in demselben Hause finden, welches der Verstorbene bewohnt hat. Mit besten Grüßen Ihr achtungsvoll ergebener
August Risler, Maler.“

„Ma femme est morte", war des Malers Risler un=
barmherzige Antwort auf meine Bitte, Fanny möge mir für
meine Selbstschau neue Daten von ihrem seligen Vater ver=
schaffen. Und der trauernde Wittwer hatte den freundlichen
Muth, mir noch ferner mitzutheilen, daß nach kaum abge=
tragener Schüssel sogleich wieder eine neue aufdampfte, und
auch schon ein junges Küchelchen darin nicht fehlte. Aber still
davon, damit mein Schmerz nicht ungerecht werde.

Ich beschließe diese Periode mit der tragischen Gewißheit,
daß für mich die Familie Spindler gänzlich erloschen, deshalb
aber um so feierlicher auszurufen ist: „Divæ memoriæ!"

Vergangenes und Gegenwärtiges in größeren und kleineren Zwischenräumen.

Und nun zu meinen zahlreichen Freunden, zu welchen mir
ein kurzes zwangloses und geniales Durcheinander (wie in
Jean Paul's bekanntem Gedankenschnitzels=Korb) die Form
geben mag. Damit aber dieses edle Schnitzwerk auch einen
würdigen Sockel habe, so erwählte ich mir dazu einen unserer
ehrenfestesten und ältesten Bannerträger als Obmann.

Xaver Schnyder von Wartensee *)

... nebst Erinnerungen an die Schweiz, Besuchen bei Franz
Abt, Richard Wagner u. A.

Für Manche mag es nicht von Belang sein zu erfahren,
durch wen irgend eine interessante Bekanntschaft angeknüpft

---

*) Zu vergleichen mit dem Artikel Spohr, I. Theil, pag. 101.

wurde, wenn eine solche nur stattgefunden. Ich aber glaube, daß sich eine solche erste Einführung wie ein Quell verhält, woraus nach und nach ein Bächlein, ein Sprudel oder gar ein Fluß entsteht. So traf ich zum erstenmale im Hause der gelehrten Frau Müller (siehe 1. Theil pag. 95) mit Schnyder zusammen und der Eindruck, den dieser Mann auf mich gemacht, glich dem eines Gymnasiasten, einem Magister artium gegenüber. Ich glaubte jeden Augenblick examinirt zu werden, obgleich Herr Schnyder mit stets unbefangener Freundlichkeit zu mir sprach, wie er überhaupt seine Ueberlegenheiten Niemanden fühlen läßt. Er spricht kein Wort ohne tiefere Bedeutung, und Niemand geht unbelehrt von ihm. So auch vor Kurzem ich selbst, als mir der nunmehr 80jährige, aber noch rüstige Mann die Ursache unseres ersten Zusammentreffens mittheilte.

Die erste Phase in diesem Abschnitt hätte eine Zukunft haben können, wenn alle Theile dabei so ehrlich und eifrig zu Werke gegangen wären. Es handelte sich nämlich um nichts Geringeres, als um eine Gesangs-Bildungsanstalt in unserer Vaterstadt.

Nothwendig etwas weiter ausholend, existirte am Schluß der 20er und am Anfang der 30er Jahre bis zu jener Zeit vom Publikum so sehr begünstigte musikalische Lehranstalt des Herrn J. B. Baldenecker.*) Dieselbe hatte den Zweck, nach dem Logier-Stöpel'schen und von Baldenecker und seinen Lehrern erweiterten System eine größere Anzahl von Schülern gleichzeitig im Klavierspiel zu unterrichten. War unser ehrenwerther Anton Suppus der eigentliche Nerv

---

*) Friedbergerstraße, bei Herrn Itzel im gelben Hirsch.

dieſer Anſtalt, ſo ſchloſſen ſich demſelben noch mehrere Lehrer an, worunter ſich auch meine Wenigkeit befand. Obgleich die Sache von Manchen für ein höherer Schwindel erklärt wurde, ſo hatte ſie doch ihre intereſſanten, ſelbſt bildenden Seiten, und jedenfalls gewährte das Ganze einen verführeriſchen Reiz.

Man denke ſich in einem großen Saal ungefähr 20—24 gleichgeſtimmte Flügel, daran eine Anzahl kleiner Weſen, die erſten Etuden (oft nur im Umfang einer Quinte) ſpielend, um dieſelben herum erwachſene Damen, ältere Meiſter und rüſtige Geſellen, ſolche erſten Anfänge brillant variirend, die Kinder umſpinnend und gleichſam harmoniſch untertauchend, dazu noch die Lehrer an vier Ecken metronomiſch mitdirigirend aufgeſtellt, Baldenecker ſelbſt als leitendes Agens auf erhöhtem Podium das Haupt-Plectrum ſchwingend; man denke ſich die Menge ſolcher Spieler von Ehrgeiz und Eitelkeit geſtachelt, denke ſich das verſchwenderiſche Lob der Preſſe *); endlich die entzückten Väter und Mütter und das bis über das Treppengeländer heraushängende Publikum .... wer ſollte da nicht vor Wonne aus der Haut fahren? Baldenecker kannte dieſes Publikum und kannte ſeinen Vortheil. In allen Stücken ohne Maaß exaltirt, fiel es ihm einſt ein, mit beſagten Elementen das Finale aus Don Juan aufzuführen, und daß dieſes nicht ſogar in Koſtüm geſchah, war Alles. Die erſten Sänger unſerer Oper, Dilettanten, Cello's und ſelbſt Contrabäſſe zur Unterſtützung mußten heran, und Guhr ſelbſt verſchmähte es nicht, neben einer hübſchen Elevin ſitzend, einen Part mitzuſpielen. Und was geſchah dem zerſtreuten Meiſter? Gleich zu

---

*) Wobei ich leider auch mitſündigte.

Anfang des Finales schlug er den A-dur-Akkord im dritten
Viertel anstatt zu pausiren, also anstatt

   wie folgt

wodurch natürlich ein augenblickliches Imbroglio entstand, und
noch einmal angefangen werden mußte. Ein sonderbares, aber
wahres Faktum; daß durch einen solchen Mißbrauch der Mittel
sich diese Anstalt nicht halten konnte, liegt auf der Hand, und
so zerfiel dieselbe nach einigen ohnmächtigen Zuckungen kurze
Zeit darauf.

Zu Anfang dieser Zeit nun, im August 1827, trat oben
genannte Anstalt für Gesangesbildung und zwar unter der
Leitung des Herrn Schnyder von Wartensee in dem Lokal
des Piano-Instituts auch wirklich in's Leben.

Durch welche vortreffliche Grundprinzipien sich diese Ge-
sanges-Bildungs-Anstalt auszeichnete, zeigt uns ein Plan aus
Schnyder's Feder, welcher in Nr. 12 der Offenbacher allgemeinen Musikzeitung vom Jahr 1827, und später noch in
mehreren Blättern abgedruckt steht.

Traurig genug, daß wir die Todten ruhen lassen müssen,
da, wo die Lebenden das Recht hatten, eine Kunstanstalt auf
dauernde Zeiten zu gründen.

In blühenden Reihen saßen allerdings bereits unsere Schüler auf den Bänken der Hörsäle, aber weshalb die Lehrer selbst
so bald zu dociren aufhörten, ob aus Mangel an größerer
Theilnahme, ob an zweckmäßiger Thätigkeit aller Betheiligten,
wer mag das nach fast vierzig Jahren noch richtig heraus-
finden? Doch sei es mir vergönnt, aus besagtem Blatt ein
kleines Pro memoria wieder zu geben. Vielleicht bleibt doch

noch etwas daran hängen. In der Schnyder'schen Einleitung
heißt es unter Anderem .... „Es ist nicht blos Sache der
Mode, es ist inneres Herzensbedürfniß, daß jetzt das Musik-
treiben so allgemein geworden ist, und die Pädagogik hat die
wichtige Aufgabe, diese himmlische Kunst, besonders die Vokal-
musik, immer mehr zur Sache des Volkes zu machen, um
dieses durch ihren Einfluß zu veredeln. Das Ziel aller musikalischen Entwicklung in technischer Beziehung ist möglichste
Selbstständigkeit. Das Streben eines Lehrers sei, sich
seinen Schülern entbehrlich zu machen, und je mehr ihm das
bei Einzelnen gelingt, um so unentbehrlicher wird er dem
Publikum u. s. w." Gewiß ein goldenes Wort für alle Zeiten
gültig.

Eine spätere Phase während unseres absichtlichen oder zu-
fälligen Zusammenwirkens, je nachdem sich unsere Wege be-
rührten, fand bei meiner Schweizer Reise in Zürich statt, wo
es gewiß mein Erstes sein mußte, mit Schnyder und durch
ihn mit Richard Wagner zusammen zu treffen.

Im Frankfurter Anzeiger vom 11. August 1852, No. 187
habe ich meine Schweizer Memoiren unter dem Titel: „Rück-
blicke nach Freiburg im Breisgau, dem Schwarzwald und
einigen Punkten der deutschen Schweiz" niedergelegt. Was
eine Schweizerreise ist, weiß jeder, der dies Wunderland be-
sucht hat, und somit verweise ich auf diesen Aufsatz oder besser
auf die Erfahrungen der Reisenden, welche diesen oder jenen
einzelnen Punkt bereits unter tausenden von neuen Gestaltungen
betrachtet und beschrieben haben. So ging es auch mir, da
ich so anmaßend war, mir einzubilden, die Schweiz würde
durch meine Beschreibung vielleicht noch interessanter werden.
Aber doch hatte diese Reise so mancherlei ungewöhnliche Be-

rührungspunkte für meine Selbstschau, daß ich dieselbe nicht
ohne weiteres ignoriren darf.

Zuerst gab Franz Abt den ersten Impuls dazu, da er
während seines kurzen Aufenthalts in Frankfurt mich einlud,
ihn in Zürich, wo er ansässig war, zu besuchen. Wie gerne
folgte ich diesem Rufe, und lernte dadurch einen Mann kennen,
dessen Erinnerung für mich stets von Bedeutung bleiben wird.

Die Hauptberührungspunkte auf dieser Reise waren:

Mein Zusammentreffen mit Spindler in Freiburg, die
malerischen Eindrücke des Schwarzwalds und Schaffhausens,
wo ich die Bekanntschaft des musikalischen Veteranen Karl
Keller *) und des grünschillernden Wasserfalls machte, der
Züricher See mit dem Hinblick des Albis, Ütli und der Vor-
alpen, mein loyaler Empfang bei Abt, Professor Frey und
dessen liebenswürdiger Gattin (einer Tochter unseres A. Clemens in Frankfurt) und bei Schnyder mein Zusammentreffen
mit Elise Anschütz-Capitain und mit den Dioskuren Pilatus
und Regius Mons **) in Luzern, meine Seefahrt nach Wheg-
gis und der Tellskapelle mit dem Anblick der ewig verschleierten
Jungfrau, wo man zum ersten Male die Schweiz zu fühlen
scheint, endlich auf dem Rückweg das Sängerfest zu Thalweil
unter den ersten Einflüssen des ehrwürdigen Pfarrer Sprüngli,
bei welcher Gelegenheit ein ächt schweizerischer Gewittersturm
das ganze Fest zertrümmerte, und ich selbst mit meiner mir
anvertrauten Dame Abt mich kaum zu retten wußte.

Ich hatte noch die Absicht, den Abendberg mit seiner Taub-

---

*) Dem Sänger des „Kennst Du der Liebe Sehnen", und
anderer Volksgesänge am Schluß des vorigen Jahrhunderts.
**) Rhigi.

ſtummenanſtalt zu beſuchen, als ich die Botſchaft von dem plötzlichen Erkranken meines Vaters erhielt. Ueber das lang= weilige Baſel in Frankfurt angelangt, kam ich noch früh ge= nug, um dem alten Mann die Augen zuzudrücken.

Nun einen unvermeidlichen Seiten= oder Rückſprung nach Zürich machend, erkannte mich Schnyder ſchon am Anklopfen, und ſein „Herein!" war dann ein um ſo herzlicheres. Eigent= lich Bürger in Luzern *), wohnte er aber dazumal (1852) in Zürich, bei welcher Gelegenheit ich die Bemerkung ausſpreche, daß er, als Aſtronom ſich ſtets die höchſte Wohnung ausſucht.

Zwiſchen ihm, Franz Abt und Profeſſor Frey theilte ich größtentheils meine Zeit ein, und habe dieſen Familien den eigentlichen Genuß von Zürich und deſſen paradieſiſcher Um= gegend zu verdanken. Wer ſich aber in Rom aufhält und hat den Papſt nicht geſehen, macht ſicher einen großen Verſtoß gegen alle hiſtoriſche Bildung, weshalb ich Freund Schnyder bat, mich bei Richard Wagner einzuführen, welcher, obgleich in der Stadt Zürich ſelbſt wohnend, ſich, wahrſcheinlich um ungeſtört arbeiten zu können, eine Privat=Wohnung auf dem Zürichberg, „Zeltweg" genannt, miethete.

Obgleich es die Sitte mit ſich bringt, daß eine jüngere Berühmtheit die ältere zuerſt aufſucht **), ſo zog Schnyder von

---

*) Sein Haus in Luzern, am See gelegen, wird „die Seeburg auf dem Hügel" genannt und gewährt eine Rundſchau von 9 Can= tonen. Leider verhinderte mich trübes Wetter (am Himmelfahrtstage) des Freundes Stammſitz — den ich von meinem Hôtel in Luzern aus erblicken konnte — zu beſuchen.

**) Wie auch Meyerbeer noch kurz vor ſeinem Tode es nicht ver= ſchmähte, den Veteranen Schnyder von Wartenſee in ſeiner Wohnung in Frankfurt a. M. aufzuſuchen.

dieser Sitte doch keinen Vortheil, und glaubte vielmehr meine Anwesenheit zu einer Einführung bei Wagner vermittelnd benützen zu dürfen. Da bekannt war, daß Richard Wagner vor Tisch sein Bad nimmt, folglich zu Hause sein mußte, so bestiegen wir den Adlershorst so schnell gereifter Größe, und ließen uns anmelden. Doch gegen Erwarten wurde uns von der alten Zofe die bestimmte Versicherung gegeben, der Herr sei nicht daheim; wir übergaben daher unsere Karten, mit dem Versprechen, morgen wieder zu kommen. Da aber anderen Tags dasselbe Manöver stattfand, und selbst sogar ein dritter Besuch mit Abt — denn ein Abt hat doch leichter Zutritt beim Papste — fehlschlug, so konnte man ohne besondere Divinationsgabe errathen, woran man war.

Ein anderes interessantes Faktum, das sich unmittelbar hieran knüpft, ist, daß später bei einem Jahres-Festessen einer musikalischen Gesellschaft in Zürich sich Schnyder und Wagner trafen, und dieser jenem entgegen eilte, ihn sogleich erkennend, ohne doch zuvor mit ihm zusammen gekommen zu sein!! Er begrüßte ihn nichts desto weniger zuvorkommend, erwähnte aber unseres Besuches nicht, was indeß bei der Masse von Personen, die beide Herren umgaben, leicht zu entschuldigen ist. Um so mehr fiel es unserem Schnyder auf, von Richard Wagner aus dem Kanton Tessin (auf seiner italienischen Reise) ein Schreiben zu erhalten, worin er sich wegen jener fehlgeschlagenen Besuche zu entschuldigen sucht. Er versprach zwar das Versäumte nachzuholen, hat aber bis jetzt noch nicht Wort gehalten. Anderen Mittheilungen zufolge soll sich Hr. Wagner geäußert haben, daß seine Verleugnung absichtlich gewesen sei, indem er wegen abweichender Ansichten in Kunstsachen sich zu unterhalten, stets große Abneigung habe. Vielleicht war es aber auch nicht blos dieser eine Grund, indem mir bekannt geworden ist, Richard Wagner habe den Argwohn, ich wäre sein kritischer Feind. Das war ich niemals, obgleich unsere musikalischen Tendenzen selten zusammen stimmten. Aber wie das manchmal so geht — man beschwört unwillkürlich einen Antipoden herauf, und was früher blos Argwohn war, wird zur That. So erschien denn wirklich (im Mai 1853) ein längerer Artikel in der Neuen Berliner Musikzeitung: „Reflexionen über die Oper der Tannhäuser von Richard Wagner", woraus später Bruchstücke für die Didaskalia (7. Juni desselben Jahres) benutzt wurden.

Wenn ich auch hieraus ein kleines Bruchstück wiedergebe, so sei es als Beweis, daß ich mich nicht fürchte das auszusprechen, was ich für Wahrheit halte, und vielleicht habe ich auch nebenbei die Revanche mich für die Verläugnung auf dem Zürchberg ein wenig zu rächen.

.... „Richard Wagner will also die alten Tempel umstürzen, und gleichsam auf dem Schutte des musikalischen Heidenthums die wahre Religion der Tonkunst einführen. Er will die bestehende Form umschmelzen, will selbst das goldene Recitativ zum Sklaven des metronomischen Pendels machen. Was will er aber nicht Alles? und dennoch erblicken wir in dieser Oper keine positiv neuen Erscheinungen. Die Idee des Stoffes ist es nicht, denn den Grundgedanken: „Aus Freuden sehnt er sich nach Leiden" haben schon früher unsere Dichter ausgesprochen, und wenn Frau Venus bei dem Ausrufe des übersatten Ritters „Marie!" in die Erde sinkt, so ist dies ein Respekt des Diabolismus vor dem Christenthum und dessen Heiligen, der gerade in neuerer Zeit zum Lieblingsthema unserer Librettisten geworden ist u. s. w..... Das Publitum selbst, mehr oder weniger von der Vorbereitungsliteratur zu Herrn Wagners Werken und von den Protektionsschriften berühmter und unberühmter Epigonen angeregt, strömt in Masse, nicht in das gewöhnliche Schauspielhaus, sondern in ein plötzlich geheiligtes Pantheon und wartet mit bereits aufgehobenen Händen der Dinge die da kommen sollen. Selbst das, was sonst mit dem damnatur belegt wird: Unsangbarkeit, Mangel an Melodie u. s. w. erscheint hier als nothwendiges Mittel zum Zweck. Ist es da ein Wunder, wenn eine Oper Enthusiasmus erregt, auch wenn ihr minder geistreiche Elemente zu Grunde lägen? Ziehen wir aber die Glorie, die über Wagner's schneller Berühmtheit schwebt, das ungewöhnliche der ganzen Erscheinung, die verführerischen Bilder, den Pomp der Ausstattung, die Sorgfalt des Einstudirens, das Vorurtheil der Menge — ziehen wir diese Dinge ab, so entsteht die Frage, ob die Musik des Tannhäusers (resp. seiner späteren Opern) als bloßes Tonwerk betrachtet, in gleichem Grade eine solche Sensation erregen würde? . . . Es gibt der deutschen Tonwerke noch manche, welche verdienen hervorgesucht, mit Achtung genannt, und mit derselben Sorgfalt einstudirt zu werden. Aber wo sind sie? Im Pult, auf den Speichern liegen sie, eine Speise der Motten. Weshalb? weil sie nicht protegirt werden, weil sie sich nicht zum Ereigniß zu creiren wußten, weil ihnen der Nimbus fehlt; und über ihrem Wiegengrabe seufzt der an sich selbst verzweifelnde Componist, zu jedem neuen Versuch entmuthigt *). . . . Richard

---

*) Habe ich doch, als bereits der Abbruck dieser Blätter bestimmt war, die neue traurige Erfahrung bestätigt gefunden, daß ein renommirter Musiker, der in Rußland Carrière gemacht, in Deutschland

Wagner hat mit der alten Oper gebrochen, und dennoch ver=
schmäht er nicht die scenischen Reizmittel eines Scribe oder
St. Georges zur Unterlage zu wählen. Oder mag er fühlen,
daß er die Sinne so lange fesseln muß, bis seine Musik Zeit
gewonnen hat, Wurzel zu fassen? Voltaire bemerkt irgendwo:
gute Verse seien die, welche man leicht behält. Ist das wahr
und auf Musik anzuwenden, so würfe dieser einzige Satz Herrn
Wagner's ganze Theorie über den Haufen!" u. s. w.

Was ich von Sachverständigen über dieses Mannes Aufent=
halt in Zürich ferner in Erfahrung gebracht, dürfte des Wieder=
erzählens nicht unwerth sein: Richard Wagner war bei dem
Züricher Kunstleben weder officiel betheiligt, noch hatte er eine

---

sein Pfund vergraben muß. Statt der erfüllten Hoffnung, das Eine
oder Andere seiner zahlreichen Werke in seinem Vaterlande nun zur
Aufführung zu bringen (denn die Aufführungen in Petersburg und
Moskau betrachtete er nur als Generalproben), ward ihm überall ab=
schlägige Antwort. So auch in unserem Frankfurt, wo M. H. so
lange gelebt und gewirkt. Nach 19 vollen Jahren kommt er zurück,
voll Hoffnung seine gemachten Fortschritte zu realisiren. Vergebens.
Nicht einmal gestattete man ihm in einem unserer musikalischen In=
stitute eine Talentprobe, nicht einmal den Vorzug, ein Orchester für
Bezahlung zu miethen, um seine Fortschritte zu dokumentiren. H.
schlug gleichsam ein examen rigorosum vor, daß, fiel die Probe durch,
er sein Bündel wieder schnüren wolle.

Vergebens! auch diese Probe wurde dem Künstler versagt, und
überall abgewiesen, schnürte er wirklich auch sein Bündel, und wird
wahrscheinlich wieder in das sogenannte Land der Barbarei zurück=
kehren müssen. Der sogenannten sage ich, denn es ist bekannt, wie
vorurtheilsfrei in Rußland die Tonkunst geschätzt und gehandhabt
wird. Wer da den Verstand nicht verliert, muß keinen zu verlieren
haben. So geschehen am 18. Oktober 1865.

Anstellung daselbst. Im Gegentheil lebte er in strenger Zu-
rückgezogenheit und übte blos einen indirecten und momen-
tanen Einfluß auf das dortige musikalische Treiben aus. Wenn
er in Concerten einige größere Compositionen, namentlich
Beethoven'sche Symphonieen und die Ouverture zu seinem
Tannhäuser zur öffentlichen Aufführung gebracht hat, so bekümmerte er sich doch nicht im mindesten um den Glanz des
Züricher Concertwesens. Er war ein musikalischer Cincinnatus,
der, nachdem er regiert, wieder zu seinem Pflug zurückkehrte
und seinen Kohl baute, d. h. wenn Kohl hier mit Lohengrin
und anderem lichterloh brennenden Material als synonym betrachtet werden kann. Mit der wirklichen Aufführung seines
fliegenden Holländers auf dem Züricher Theater (ich glaube
zu Ende April 1852) scheint sein eigentlicher Ruf in der
Schweiz sich gegründet zu haben, wie er — der Demagoge —
überhaupt bei der eidgenössischen Aristokratie in hoher Achtung
stand. Im Bund, ein Berner Blatt, welches der Richtung
Wagner's huldigt, lasen wir, daß zu den glücklichen Erfolgen
dieser Oper vorerst die ausgezeichnete Darstellung viel beige-
tragen habe. Unter Wagner's Leitung (sagt der Bund) wird
das Orchester zu einem einzigen Instrumente, aus dem der
Meister mit feinstem Gefühl und freiester Willkühr die reiche
Welt seiner Töne herausholt, und auch jede andere seiner
Opern mit solcher Anstrengung und Sorgfalt einübt, wobei
eine doppelte Wirkung nicht ausbleiben konnte u. s. w.

Ich meinerseits freue mich aufrichtig mit einem Lobe einverstanden sein zu können, das, sei auch die Tuba stark darin
vertreten, doch der geistreichen Akkorde eine Menge hat, und
daß, wenn ich auch nicht zu seinen Aposteln gehöre, ich sein
Genie vielleicht besser zu schätzen weiß, als seine unbedingten

Anbeter. In Bezug auf vertraute Mittheilungen des Herrn Abt wäre es indiskret hier meiner Theilnahme zu weit zu folgen, ich vermuthe aber, daß er gewissen Conflicten mit dem Renovator nicht entgehen konnte, deshalb vorzog, seine Stellung zu ändern, und wohl auch zu verbessern. Längere Zeit war Abt in Zweifel, ob er sich in Frankfurt a. M. oder in Braunschweig niederlassen würde, bis endlich die Verhältnisse ihn zum Herzogthum bestimmten, welches aber dem Herzen des neuen Freundes in der freien Reichsstadt wehe that.

Um nun mit dem Artikel „Schnyder von Wartensee" analog zu schließen, sei seiner dreiaktigen Operette „Heimweh und Heimkehr" gedacht, die am 9. Mai genannten Jahres in dem Stadttheater zu Luzern aufgeführt wurde. Alle Urtheile in verschiedenen Zeitungen, Volksmann, Dorfzeitung, Tagblatt vereinigten sich darin, daß die schöne Dichtung von Pfyffer den würdigen Meister gefunden habe, daß die Composition originell, die Form klassisch abgerundet, und die Instrumentation glänzend sei. Es muß jedem Ehrenmann eine herzliche Freude gewähren, wenn er bei seinen Landsleuten eine solche Anerkennung genießt, und das um so mehr, da man es in unserem lieben Deutschland so selten der Mühe werth findet, das wahre Gute (denn das Gute ist immer auch schön) hervorzusuchen, woher denn das Sprichwort entstanden sein mag: „Deutschland, unzärtliche Mutter, nur dem Auslande hold!"

Abermals einen Salto mortale zurück riskirend, beginne ich gerne mit einem heitern Scherz, weil im vorigen Kapitel des Ernstes genug vorhanden war, und man nicht wissen kann, was nachfolgt. Die Darsteller jener Posse waren der geniale, leider zu früh verschollene Jakob Schmitt (Bruder des Aloys), die Freunde Gambs, Darbenne (ein junger Dichter) und — ich. Kaum waren die letzten Töne der ersten Darstellung des Freischütz verklungen (irre ich nicht im Jahr 1819) als unser Quartett sich in Proletarier-Gewänder hüllte, nach kurzer Probe mit Geige, Flöte, Cello und Guitarre bewaffnet hinaus in düstre Herbstnebel eilte und dort unsere diabolischen Concerte improvisirte. Selbst nicht verschmähten wir vor den Fenstern unserer Freunde und Schülerinnen zu erscheinen, wobei namentlich Jakob Schmitt durch sein Violinspiel die Zuhörer zu Dutzenden herbeilockte. Da gabs nun freilich Eifersuchts-scenen unter den Musikbanden, und wir hatten hohe Zeit uns aus dem Staub zu machen, wollten wir nicht mit der löblichen Polizei in Conflikt gerathen. Reichlich dafür aber entschädigte uns daheim unter homerischem Gelächter eine Bowle Glühweins, durch die Sporteln unserer Zuhörer gesammelt, und durch die Erinnerung an diesen köstlichen Abend.

Daß ich zu derselben Zeit in reichlichem Verkehr mit dem ehrenfesten Aloys Schmitt stand, dem damals der Doktorhut noch nicht verliehen war, ich mit demselben während so langen Beisammenlebens auch in geschäftliche Berührungen kommen mußte, brachten die Verhältnisse mit sich. Was mich — von seinen werthvollen Compositionen ganz abstrahirt — auch literarisch, also gleichsam verwandtschaftlich an ihn fesselte, war sein pikanter Briefstyl, und mehr schreib- als redselig, weiß er demselben noch immer eine eigenthümliche Bedeutung zu geben. Was Sympathieen betrifft, so lassen sich dieselben nicht erobern, und so gemüthlichen Umgang wir auch noch vor einiger Zeit gepflogen, und obgleich wir schwerlich aufhören werden uns zu achten, eine vertrautere Mittheilung wollte sich zwischen uns nicht mehr einstellen.

Um jene Zeit befiel mich die Autographensammlerwuth. Diese mußte ich aber hart büßen. In einem Kästchen lagen diese attalischen Schätze sorgsam aufbewahrt, darunter Selbst= schriften von Beethoven, von Mozart und dessen Schwester Nannerl, Ersteres ein Weihnachtsgeschenk von Ferd. Ries, Letzteres von der Wittwe Mozarts, nebst werthvollem Brief für die Uebersendung meiner Zaide. Ich zeigte meinen Schatz nur selten, aber was half mir diese Vorsicht? An einem schönen Sonntag war das Kästchen verschwunden, und seit diesem Ver= luft entsagte ich dieser eblen Intention.

Mit Ferdinand Ries in engere Berührung gekommen zu sein, kann nicht befremden, da ich seine Kinder unterrichtete und mir die Ehre erwiesen wurde, in hochstehenden Kreisen der Mitdirigent seiner Gesangeskränzchen zu sein.

Wie er sich eine Zeit lang von Notenschreiben ernähren mußte, wie er in London durch Talent und Glücksfälle zum reichen Manne geworden, vertraute er mir und noch mehreres unverholen. Meine Tagebücher sagen, daß während einer großen Gesellschaft beim Banquier K. — er mich John Cramer (dem zu Ehren jene Gesellschaft) als seinen intimsten Freund vor= stellte. Noch geehrter fühlte ich mich, als er, eingeladen, das Aachener Musikfest 1833 zu dirigiren, mich ersuchte, seine Familie, die nachfolgen sollte, hin zu geleiten, beim Feste selbst die Charge eines Chorrepetitor's zu übernehmen, und mit meinem sicheren Organ die Baßstimme des Chors zu unterstützen. Das Fest ließ ich mir um so eher gefallen, da der russische Staatsrath von Bechtieff, mein Schüler und mächtiger Protector, die Reise mitmachte. Auch traf ich in Aachen (wo ich ebenfalls manche Jugenderinnerung feierte) mit Freund Pappel zusammen, dazumal mit mir ein Comilitone Spindler's und später ein sehr wohlhabender Kaufmann, bei welcher Gelegenheit ich in den theuersten Weinen schwelgte. Das ließ ich mir, wie gesagt, alles gefallen, wenn ich nur nicht mitzusingen hätte, wodurch so viel schöne Zeit für mich verloren gehen mußte. Aber Hygiea lenkte es anders, denn nach dem ersten Bade wurde ich so heißer, daß an kein Singen weiter zu denken war und ich daher frei wurde und zu allen Freuden aufgelegt, die mir ein solches Fest nur bieten konnte. Freund Bechtieff, als russischer Aristokrat und Musikfreund, spielte hierbei keine kleine Rolle. Meine erste Bekanntschaft mit ihm datirt sich von russischen Volksquartetten die früher zur Meßzeit in Frankfurt von russischen Sängern in der Originalsprache gesungen wurden. Diese Quartette nun als Solo-Lieder mit Piano-Begleitung und deutschem und französischem Texte der — ich spreche es ungenirt aus — Frau Großherzogin von Weimar zu widmen, welche bekanntlich eine russische Prinzessin ist, wandte ich mich an den Staatsrath, der meinen Plan nur durch Küsse erwiederte. Von da an wurde er mein unzertrennlicher Freund. Nie floß eine leichtere Arbeit je aus meiner Feder, nie wurde eine solche durch Mittelfeste (denn jeder Takt mußte durch Guhr und andere Gelehrte sorgfältig geprüft werden) gefeiert, und meine sämmtlichen Werke trugen mir nicht so viel ein, als diese acht einfachen Liedchen, denn sie wurden mit russischem Golde honorirt. Nicht zu vergessen, daß die deutsche Uebersetzung dieser acht Lieder von mir, die französische von einem Herrn Professor Durand stammt. Dem Drucke übergeben *) und mit etlichen kostbaren Einbänden versehen, reiste mein edler Freund in Person nach Weimar, legte, — wie er versicherte — der entzückten Prinzessin mein chef d'oeuvre vor, und erhielt richtig die Erlaubniß der Widmung. Von der Aachener Reise nun auch heimgekehrt, lag ein von Frau und Kindern umschmunzeltes elegantes Etui auf meinem Schreibepult, woraus, geöffnet, mir ein kostbarer Brillantring entgegen blitzte. **). Noch an demselben Abend wurde ich von Herrn von Bechtieff eingeladen, mich im englischen Hof einzufinden, wo dem so geehrten Künstler bald ein solennes »Hip. hip, hip, hurrah!« entgegen scholl. ***)

Pessimisten sagen: „Die Welt gliche einem verstimmten Orchester!"... Mag das manchmal so sein, doch ist gewiß, daß es darin auch reine und hochbegeisternde Akkorde giebt!

Nomenclatur in weiterer Form.

Ich hoffe durch dieselbe mit Hinzufügung einiger Bemerkungen der ausgesprochenen Tendenz im 2. Theile wohl genügend nachzukommen.

---

*) Bei André in Offenbach.

**) Der freilich für gewisse Familienzwecke bald andere Formen erhielt.

***) Der Titel dieser Lieder „Album d'airs nationeaux russes pour le chant, dedié à son Altesse imperiale et royale Madame la Grande Duchesse Marie de Saxe-Weimar-Eisenach par Charles Gollmick. Op. 43.

Eduard Duller, der Verfasser der Geschichte des deutschen Volks und Herausgeber des „Phönix", mit Spindler in so naher und doch so oft mißverstandener Berührung, unterlag bekanntlich zu Anfang der 50er Jahre der Anstrengung und Exaltation seiner Arbeiten. G. Jonghaus, Hofbuchhändler in Darmstadt, durch Duller mein mir treu gebliebener ehrlicher Verleger der meisten meiner Schriften, mit beiden Freunden schöner Reise-Erinnerungen pflegend. J. B. Schott — wer kennte nicht diesen Weltverlag? — trotz aller weitläufigen Geschäfte mit ihm und sonst vergnüglichem Vernehmen zu ihm, war er gegen mich doch ein allzu genauer Rechner *). Als ich auf meiner Münchener Reise im September 1837 mit Franz Lachner im sogenannten Häusel bei Süß (einem ungenirten Bierkneipchen) zusammentraf, saß in bescheidener Entfernung ein junger, von mir fast nicht beachteter Mensch. Das war, wie ich erst nach Jahren erfuhr, Heinrich Esser aus Mannheim, der bei Lachner studirte, dann unter Schott's Aegide nach Mainz übersiedelte, darauf k. k. Hofkapellmeister in Wien wurde, und unter allen Verhältnissen mein treuer

---

*) Welche Summe hat ihm nur die Uebersetzung nebst Textunterlegung meiner Regimentstochter eingetragen — und trägt der Verlagshandlung noch ein — und was erhielt ich dafür? (Die Wahrheit gehört hier zur Geschichte meines Werks) ein Honorar von 30 fl. rh. Eben so viel, oder vielmehr so wenig, schämten sich nicht Guhr und Malz mir für meinen „Colporteur" von Onslow (die ich dazu noch par ordre du Muffti binnen 14 Tagen liefern mußte) zu übermachen. Von meinen so oft neu aufgelegten „plaudernden Lüstchen" und vielen anderen Liedern erhielt ich gar nichts. Mit Beispielen ähnlicher Honorare, resp. Scandalare will ich das Publikum verschonen.

Anhänger geblieben ist, wie unsere zahlreiche Correspondenz bestätigen kann. Als Anekdote diene: Eine musikalische Dame fragte mich einstens: wer höher stände, Messer oder Esser? Meine schnelle Antwort war „Ein Esser bedient sich des Messer's." Die Dame antwortete gedehnt „so, so?" und schien vollkommen befriedigt. Des jungen Heinrichs Vater, Hofgerichtsrath Esser, wohnte fortwährend in Mannheim, wo ich das Vergnügen hatte, seiner Familie durch gegenseitige Besuche und Geschäftsbeziehungen näher zu stehen.

Jene Münchener Reise hatte keinen geringeren Zweck, als die alte Frankfurter Haut abzuwerfen und eine neue Bayerische anzulegen. Mein Plan, nach der Schelble'schen Methode eine Gesangschule in München zu gründen, sollte durch die mir höchst befreundete Familie Dahn und durch Franz Lachner befördert werden. Ich hatte guten Grund zu diesem Vertrauen, namentlich da ich von Letzterem folgende, meinem Tagebuch entnommenen Zeilen erhielt: „Mein sehr werther Freund! Gönnen Sie mir einen Namen, den ich Ihnen schon früher gab, den ich jetzt mit dem aufrichtigsten Gefühle von Ihnen erbitte, nachdem ich Sie kennen und ihren vortrefflichen Charakter schätzen gelernt habe u. s. w. September 1837*)."

Der Neid verschiedener Gegenfüßler verleidete mir aber den Plan und ich gab ihn auf, zumal mir auch das Klima nicht zusagen wollte. Dafür hatte ich aber die Ehre, dem König Ludwig vorgestellt zu werden, als er, wie gewöhnlich, mit zwei Abjudanten die Runde im königlichen Concertsaale machte. Ob einige meiner Lieder aus den Poemen des fürst-

---

*) Ich stand zu jener Zeit in Relation mit Lachner wegen eines Oratoriums, die Sache verschlug sich aber bald darauf.

lichen Dichters Gnade vor seiner Majestät gefunden, oder ob
andere günstige Sterne mir geleuchtet — ich vermag es nicht
mehr zu beurtheilen. So viel aber bleibt gewiß, daß ein in-
nerer Instinkt mich vor der Gefahr warnte, so vielen Leuten
vor den Kopf zu stoßen. Daß ich nun durch die liebevollen
Aufmerksamkeiten, welche mir die Familie Dahn in München erwiesen, für jenen Scheinverlust völlig entschädigt wurde
und diese Münchener Erinnerungen zu meinen höchsten Ge-
nüssen gehören, ist begreiflich.

Bald darauf wurde mir von Seiten hochstehender Personen der dänischen Gesandschaft durch Freund Aloys Schmitt
die Stelle eines Capellmeisters in Kopenhagen mit 3000
Thalern Gehalt, Equipage u. s. w. angetragen. Noch begreife
ich die Möglichkeit eines solchen Glücks nicht, wegen dessen
ein Kühnerer als ich wenigstens die Iniative ergriffen hätte.
Aber mir fehlte ein für allemal jener glückliche Muth, der —
die Braut gewinnt. Auch ließ mich ein noch tieferer Instinkt
an der Wahrheit der Sache zweifeln.

Das durch seine künstlerische Bedeutung wie durch seinen
äußeren Glanz so berühmt gewordene 25jährige Dienstjubi-
läum des Kapellmeisters Vincenz Lachner (Mannheim am 25.
Juni 1861) hatte ich die große Freude mitzufeiern, und zu
des Meisters gastlicher Tafel gezogen zu werden. Herz und
Sinn erlabende Genüsse krönten dieses Mahl, und davon ab-
gesehen, so mag ein Künstler noch selten höher geehrt worden
sein. Auch boten unsere gegenseitigen Begegnungen mir jedesmal ein sehr großes Interesse dar, und kam man gar in der
Humor sprudelnden Räuber-(Reiber)Höhle zusammen oder in
einem harmloseren Frankfurter Asyl unter der unsehlbaren

Aegibe seines Bruders Ignatz *), so will denn des freundlichen Geplauders kein Ende nehmen.

———

Zu Franz Messer übergehend, so war sein Ruf in Frankfurt, obgleich mit etwas Ueberschätzung, anerkannt. Sympathie hatten wir nie für einander, weshalb der Weise sein »tace« nie vergesse.

Bis in den 30er Jahren blühte das musikalische Kränzchen im M.'schen Hause. Im Januar 1826 reißte Spohr hier durch und nahm unsere Einladung zu einem déjeuner à la Faust an. (Wir producirten das Finale daraus, Nummern aus Zemire und Azor und andere Sachen, Alles von Spohr.) Noch andere Notabilitäten wohnten dem kleinen Gesangfest bei, darunter Schnyder und der damals schon berühmte Historien-Maler Oppenheim. Mein Tagebuch vom 8. Januar sagt unter Anderem: „Spohr bezaubert durch seine Liebenswürdigkeit, äußert seine Zufriedenheit und scheint sichtbar überrascht von dem Vortrag unserer Prima Donna und unserem Chor." Kurze Zeit darauf sendet er der Kapelle zum Dank zwei Exemplare seines neuesten Oratoriums „Die letzten Dinge". Noch öfter kommt Spohr nach Frankfurt. wo ich nie verfehlte ihn zu treffen. Einige Skizzen seiner Briefe an mich folgen anbei:

Kassel am 8. September 1828.

Geehrter Herr. Die Ouverture zum Berggeist ist in Stimmen gestochen; können Sie sie dort nicht geliehen bekommen, so will ich Ihnen gerne ein Exemplar übersenden ... —

———

*) Das weitere im dritten Theil.

doch habe ich die Saiteninstrumente nur zweifach. Sie verlangt übrigens eine starke Besetzung und von Blechinstrumenten
vier Hörner und drei Posaunen. Die Partitur, die hier nur
einmal existirt, kann ich nicht entbehren, doch läßt die Ouverture sich sehr gut aus dem Clavierauszuge dirigiren. Diesen
werden Sie, wenn ich nach Frankfurt komme, von Speyer
erhalten können. Noch immer kann ich nicht daran denken, mich
wieder an eine Oper zu machen; es hat daher Zeit bis ich
nach Frankfurt komme, um über ein Sujet zu reden. Mit
vorzüglicher Hochachtung stets Ihr ergebener L. Spohr. Eilig.

· Die Briefe vom 29. Juni, vom 30. Januar und 33.
August enthalten Aufträge, Danksagungen, Unterhandlungen in
Bezug auf Opernstoffe u. s. w. In dem letzteren Schreiben
empfiehlt er mir den musikalischen Schriftsteller Mosenthal mit
dem ich in literarische Verbindung treten möge u. s. w.

Carl Evers, nach Wien übersiedelt, einer meiner geistreich-
sten Collegen, gab mir ebenfalls Lieder ohne Worte, denen
ich Gedichte eigener Erfindung unterlegte. Ich fürchte und
hoffe, sein Compositions-Talent wird erst später die rechte Anerkennung finden.

Auch mit dem englischen Componisten und Pianisten Aguilar
stand ich in einem ähnlichen Verkehr. Ein Schüler Schnyder's,
erfreuten sich seine in Frankfurt aufgeführten Symphonieen
großer Achtung. Mit Carl Gutzkow der für Duller einige
Zeit den „Phönix" redigirte, wurde ich aus diesem Grunde näher
bekannt. Auf meine Anfrage, ob er geneigt sei, mir Adressen
für meine Novellen und Silhouetten zu geben, theilte er mir
mehrere mit, und schließt den Brief mit folgenden Worten:
. . . . „Diese Handlungen möchten vielleicht ein Interesse
an Ihrer Unternehmung haben; fügen Sie in Ihrem Avis

noch hinzu, daß Sie durch freundschaftliche Berührungen auf meine, Beuermann's und Duller's, Kritik zählen können. Glücklichen Erfolg wünschend und mit bester Empfehlung Ihr ergebenster Gutzkow. Fft. 2/9/37.

Madame Birch-Pfeiffer schreibt folgendes in Bezug einer Gesangs-Schülerin, die sie mir zuwies, in ihrem gewöhnlich aufgeregten Styl: In einem Troubel von Geschäften grüße ich Sie und die Ihren von ganzer Seele .... Ihr gründlicher tiefer Brief über I ....s künstlerische Charakteristik hat mich entzückt, denn er ist bis in's Detail richtig, und ich unterschreibe jedes Wort u. s. w. Grüßen Sie Ihre liebe unvergeßliche Frau, nehmen Sie nochmals meinen innigsten Dank für Alles was sie für I ....n thaten, und seien Sie der aufrichtigsten Freundschaft versichert Ihrer unwandelbar ergebenen Ch. Birch-Pfeifer. Zürch 16/10/42.

In mehr als gewöhnlichem Rapport stand ich zu dem edlen evangelischen Bischoff Dr. Eylert in Berlin, dessen Sohn, der einige Zeit als Hausgenosse zur Miethe bei uns wohnte, ich das Glück hatte, seinen excentrischen Geist vor manchem Fehltritt zu bewahren. Das war eben keine leichte Arbeit, und ich erhielt zum Dank dafür von dem ehrwürdigen Vater ein längeres Schreiben. Hier ein kleines Excerpt aus demselben: „Ew. Wohlgeboren danke ich mit wehmüthiger Rührung für die Güte und Theilnahme, welche Sie meinem Sohn erwiesen und bethätiget haben. Möchte derselbe nun endlich einmal lebendig erkennen, daß nicht Talente, sondern praktisch befolgte gute Grundsätze weise und glücklich machen .... Ich habe die Ehre mit der vorzüglichsten Hochachtung zu sein Ew. Wohlgeboren aufrichtig ergebenster Bischoff Dr. Eylert. Potsdam den 13. April 1841.

Etwas weiter auszuholen erlaube ich mir bei Meyerbeer und Felix Mendelssohn.

Ueber des Ersteren Rapporte mit mir reicht mein Tagebuch vollständig aus, ein Factum das wenigstens nicht trügen kann:

Am 13. September 1837.

„Meyerbeer war zweimal bei mir mit Speyer, trifft mich nicht und hinterläßt seine Karte. Natürlich suche ich ihn nun auf, und treffe ihn kurz vor seiner Abreise. Er dankt mir für meinen freundlichen Aufsatz über seine Hugenotten *). Dann bittet er mich, mich einiger Stellen in dieser Oper anzunehmen, die Castelli ungenügend übersetzt habe **). Speyer würde mir die Stellen bezeichnen. Auch Guhr würde mit mir darüber sprechen ***). Dann schließen wir den Vertrag ab, daß ich seine nächste Oper übersetzen solle. Er reicht mir feierlich seine Hand und sagt: „Sehen Sie, werther Freund, diesen Handschlag als eine contraktliche Verbindung an. Aber da ich viel auf Reisen und stets so tourmentirt bin, bitte ich Sie mich an diesen Vertrag zu erinnern" †). Unsere Hände kamen während dieser Unterredung gar nicht aus einander. Der Componist des Robert scheint mir ein tüchtiger Weltmann.

---

*) Wenn ich es wage, hiermit dem Publikum drei Recensionen zu citiren über die Hugenotten, Bernhard Romberg und die Milanollo's (alle drei im Conversations-Blatt erschienen), so halfen mir wohl die dankbaren Texte über die gefährlichsten Klippen hinaus.

**) Z. B.: „Ich ging spazieren einst" und ähnliche, namentlich rhytmische Schnitzer.

***) Das ist auch Alles redlich geschehen, und in wenigen Tagen geht jene Verbesserung in dem Castelli'schen Text der Hugenotten an Wilhelm Speyer ab.

†) Das war freilich ein übereilter Handschlag!

Auf ein Schreiben an Meyerbeer, das ich Freund Seydelmann mit nach Berlin gab, erhielt ich, in Bezug auf unsere
Projecte, unter Anderem folgende vom 28. April 1838 da-
tirte werthvolle Zeilen: „Unsere Bekanntschaft ist kurz, doch
mit Freuden sehe ich, daß i ch I h n e n eben so viel Sympathieen und Vertrauen eingeflößt habe, als S i e m i r, mein
werther Herr u. f. w. Mit vollkommener Hochachtung und
Freundschaft Ihr ergebenster Meyerbeer."

Der Auszug eines anderen Schreibens von Berlin vom
5. December 40 sagt: . . . „Entschuldigen Sie, daß ich Ihren
freundlichen Brief jetzt erst beantworte, allein mir ist viel Trüb-
sal seit dessen Empfang begegnet. Meine Frau ist lebensge-
fährlich erkrankt, und ich selbst von der Angst und durch das
Wachen von zwölf Nächten am Krankenbette gänzlich erschöpft,
bin auch unwohl geworden und habe mehrere Tage das Bett
hüten müssen . . . . . Ihre Uebersetzung scheint mir ganz vorzüglich gelungen; sowohl in poetischer als musikalischer Hin-
sicht befriedigte sie mich. Nur in dem Mailied bin ich mit
der deutschen Scansion nicht ganz einverstanden. Doch dies ist
eine Kleinigkeit und schmälert nichts an dem verdienten Lobe.
. . . . Ihren Eid habe ich mit vielem Interesse gelesen. Das
ist ein edler, großartiger Stoff, den Sie edel und großartig
durchgeführt haben. Die musikalischen Berücksichtigungen haben
Sie meisterhaft wahrgenommen, auch die Versiвicirung scheint
mir ganz vorzüglich, obgleich ich in einigen Stellen an den
Mechanismus des musikalischen Versbaues noch andere An-
forderungen stelle. Es ist jedem gebildeten dramatischen Ton-
setzer dieses Libretto von so edler Art wahrlich sehr zu em-
pfehlen, und ich denke es wird Ihnen sicher ein solcher nicht
fehlen.

Schade, daß der Stoff schon so vielfach, namentlich in Italien durch Sachini benutzt worden. Mit der vollkommen= sten Hochachtung habe ich die Ehre zu verbleiben Ihr u. s. w. Wenn das nun keine verzuckerten Pillen sind, so giebts keine mehr, und Herr Meyerbeer versteht es sie delikat zuzubereiten und mit Anstand schmackhaft zu machen. Bevor ich nun zum Schlusse dieser mir unvermeidlichen Briefe gehe und mich Herrn Felix Mendelssohn=Bartholdy zuwende, geziemt sich noch ein kleines Vorspiel:

„Ja so!" und mit diesem „Ja so!" bezeichnete Mendels= sohn mir gegenüber fürwahr eine ganze Charakteristik unseres gegenseitigen Rapports.

Es konnten bezüglich unserer Verhältnisse und Stellungen gegenseitig nähere Berührungen wohl nicht fehlen. So bezogen sich auch unsere Unterhaltungen größtentheils auf musikalisch dramatische Stoffe, und so fügte es sich auch, daß bei irgend einem Concert Mendelssohn im Saale des Weidenbusches zu dirigiren hatte, er während der Probe einen Umgang bei den Orchester=Mitgliedern hielt, dieses oder jenes mit ihnen be= sprechend. Nachdem er die Trompeten absolvirt, kam er auch zum Pauker heran, ohne just sich seiner speciell zu erinnern. Da, mich erkennend, stutzte er, und brummte jenes für mich so schmeichelhafte „Ja so!" gleichsam als müsse er jetzt in einem andern Tone mit mir reden.

Der Erste dieser auf unsere Gespräche bezüglichen Briefe ist zwar wieder ohne Datum, scheint aber im Jahr 1839 ge= schrieben zu sein: Geehrter Herr. Morgen früh habe ich eine musikalische Gesellschaft und darauf eine Verabredung auf's Land, die mir's leider unmöglich machen, eine Stunde für unser Gespräch zu bestimmen. Uebermorgen bin ich jedoch den

ganzen Tag frei, und würde zu jeder Zeit mich freuen, wenn
wir die Sache mit einander durchsprechen könnten, und wenn
Sie mir das Bewußte vorlesen wollten. Hochachtungsvoll und
ergebenst aber in großer Eil. Felix Mendelssohn-Bartholdy.

Jenes durch obigen Brief bezeichnete Gespräch hat am Ende
das Resultat, daß Mendelssohn einen Oratorienstoff wünscht,
der die drei höchsten Principien des moralischen Daseins „Erde,
Himmel und Hölle" verlangt. Nachdem ich diesen Stoff
der Extreme vorerst prosaisch behandelt und in Scenen ein-
getheilt, übergab ich, um möglichst sicher zu gehen das Manu-
script meinem Freunde Gambs, der dann alle diese Theile
nach biblischen Texten so poetisch regelte, daß ich die Sache
als complet betrachten durfte. Dennoch, nach langem Hin und
Her, und obgleich in den ersten Momenten entzückt .... Doch
ich will der Sache nicht vorgreifen und Ordnung einhalten.

Am 4. Juli 1837, nach vielen Operntextdebatten, näherten
wir uns endlich der Idee des — Gustav Wasa, und vernehmen wir jetzt, was Mendelssohn darüber schreibt: „Dies
scheint mir vielversprechend, und sobald ich zur Ruhe komme,
will ich mich ernstlich mit dem Gedanken daran beschäftigen —
ich hoffe daß Sie es auch zuweilen thun werden — und sobald ich kann, schreibe ich Ihnen darüber ein Mehreres und
Ausführlicheres. Entschuldigen Sie die Eile u. s. w.

Unter andern sandte ich auch meinen Cid zur Durchsicht,
und erhalte — sonderbare Reminiscenz — fast dasselbe Schreiben
wie von Meyerbeer: „Ihren Brief und den Text des Cid
empfing ich am Vorabend einer größeren Reise u. s. w. Sie
haben einen höchst interessanten Stoff gewählt und durchgeführt, und ich bin mit Ihnen der Meinung, daß die Oper
auf der Scene eine große Wirkung thun muß, wenn sie würdig

und mit Geist in Musik gesetzt wird. Ob ich das im Stande
wäre, lasse ich dahin gestellt sein, aber ich bin im Augenblicke
mit einer größeren Instrumental-Arbeit, die mich bis zum
nächsten Jahre in Anspruch nehmen dürfte, so beschäftigt, daß
ich den Text leider nicht für mich behalten kann, so gerne
ich es thäte." u. s. w. u. s. w. Dann das Folgende, wenn
es sich auch in Dankbarkeit und Lob ergießt, ist und bleibt
immer ein Text den e r m i r anbietet und der heißt: „Ich
refusire die Oper." Die Hoffnung die er mir am Schlusse dieses
Briefes macht, lautet: „Vielleicht komme ich gar um die *).
.. des Sommers würdig zu beschließen im August auf einige
Tage nach Frankfurt, und wäre das der Fall, so würde ich
mich schon jetzt darauf freuen, mit Ihnen mündlich besser zu
correspondiren, als ich's schriftlich kann. Also hoffentlich auf
Wiedersehen und stets Ihr ergebener F. Mendelssohn-Bartholdy. Für meinen deutschen Sängersaal, den ich ihm 1842
gewidmet, erhielt ich von Berlin aus ein Dankesschreiben, das
sowohl seiner Herzlichkeit als seines Styls wegen verdient in
die Oeffentlichkeit zu treten:

Berlin den 9. Dec. 1842.

Verehrter Herr!

Sie haben mir eine sehr große herzliche Freude bereitet,
für die ich Ihnen aufrichtig dankbar bin und immer bleiben
werde, Sie wissen selbst wohl, wie interessant eine Sammlung
wie die Ihrige für jeden Musiker sein muß, wissen also, welche
Ehre die Zueignung derselben für mich ist; aber noch mehr
als dies erfreut mich der Beweis Ihres freundlichen Andenkens,

---

*) Dieses Wort kann ich, und können andere Personen nicht
herausbringen.

Ihrer fortdauernden freundschaftlichen Gesinnung. Darauf lege ich den allerhöchsten Werth, weil es mir die liebste Anerkennung ist, weil mir keine andere halb so viel gilt, als das Wohlwollen und die Zuneignng meiner Kunstgenossen und dafür danke ich Ihnen so recht aus vollem Herzen. Erhalten Sie mir nur dies gute Andenken und wenn wir uns wiedersehen (was hoffentlich bald einmal geschieht) so sage ich Ihnen noch mündlich und besser welch' ein Vergnügen Sie mir bereitet haben, und wie ich mich auf die fleißige Benutzung Ihres Werkes freue, als ich es heut schriftlich thun kann. Leben Sie wohl und gedenken Sie zuweilen Ihres dankbar ergebenen

Felix Mendelssohn-Bartholdy.

Des edlen Mendelssohn's leider allzufrüher Tod hat auch mich der Hoffnung beraubt, mit ihm in praktische Verbindung zu treten, denn ohne Anmaßung dürfte ich doch gestehen, daß die Conjunkturen für beide Theile günstig lagen. Noch in Decennien mit einander gelebt, wer weiß, ob ich, — wie Börne wieder sehr spitz bemerkt — die Mücke im Bernstein nicht unsterblich geworden wäre?

Das Facit von diesem Allem nun ist, daß mir — obgleich ich nicht über Mangel an Zutrauen zu klagen habe — der eigentliche Stern für meine Richtung noch nicht aufgegangen ist. Es wollte mir nicht gelingen den rechten Ton für das rechte Wort, den rechten Mann für meine Leistung zu finden. Die Angst der heutigen Componisten, womit jede Sylbe des Autors abgewogen wird, läßt es zu keiner selbstständig freien Bewegung kommen. Die Herren fürchten sich vor ihrer eigenen Tapferkeit. Die Zeit ist eben vorbei, wo das glühende Genie vom Drang des Schaffens erfüllt, allenfalls einen Küchenzettel componirt und zur poetischen Geltung gebracht hätte.

Daß ein jeder Operntext — mit Müllner zu reden — „ein Rührei von Gefühl und Unsinn sei", ist ein Axiom das nicht umzustoßen, und ich glaube in einer meiner Novellen*) dargethan zu haben, daß selbst die gepriesenen Bücher eines Fidelio, Armand, einer Schweizerfamilie, somit die besten moralischen Wahlen mehr oder weniger an solchen Gebrechen leiden. Trösten wir uns also mit dem allgemeinen Schicksal, daß auf diesem bucklichen Planeten nichts vollkommen ist, und uns noch der einzige Rettungsanker, die Gebuld, übrig bleibt. Und nun wieder zu meinen Freunden.

In angenehmen Beziehungen stehe ich noch immer zur Darmstädter Bühne, da Direktor Tescher die Güte hatte, einige meiner Lustspiele auf dortiger Bühne zu geben. Manche der alten Freunde sind dahin, weshalb ich mich der Uebrigbleibenden um so mehr erfreuen darf. Vor allem gehört Ernst Pasque zu den aufgeweckten, stets fertigen, und doch nie fertig werdenden Naturen. Für ihn giebt's kein Fehlschlagen, denn immer liegt ein anderes Unternehmen auf seinem Amboß. Namentlich in dramatisch-historischen Stoffen zu Haus, wovon unter Anderm seine „Geschichte der Musik und des Theaters am Hofe zu Darmstadt (1853) Zeugniß giebt, habe ich seine gesunde Thätigkeit hochschätzen gelernt, und obgleich er die Nachsicht hatte, mich seinen belletristischen Mentor zu nennen, so habe ich doch seinen Kenntnissen und Erfahrungen vieles zu danken. Wahrscheinlich machten ihm die holländischen Mühlen zu viel Wind, weshalb er wieder nach Darmstadt zurückgekehrt, nunmehr die ehrenfeste Stelle eines Großherzog-

---

*) „Ueber die Mit-Autorschaft des Publikums." Rosen und Dornen, bei G. Jonghaus. 1852.

lichen Oekonomie-Inspektors bekleidet. Oekonomie-Inspektor und Dramaturg, da kann es nicht fehlen, ich aber preise jedenfalls mein Geschick, wieder in die Nähe meines geistreichen Freundes gekommen zu sein.

Andere Freunde aus Darmstadt blühen mir in dem Maschinenmeister Carl Brand, die rechte Hand der Ballet-Oper, der aus nichts neue Welten schaffende Zauberer, der Erbauer stolzer Theater. Durch manche Familienbande stehen wir uns nahe, und möge nur der aufstrebende Renovator auch sein Glück benützen! Ludwig Cramolini, wer kennte diesen Adonis des Mimen und der Minne nicht? Schüler Ciccimara's, Triumphe feiernd, wohin ihn sein Fuß trug, Librettist*), Liedercomponist und Präsident der Liedertafel erfreut er sich noch der Rüstigkeit seiner Talente. Für den Dichter Dräxler Manfred und einstigen Herausgeber der „Muse" lieferte ich manche leichtere Artikel, und auch mit Pirscher, dem unerschöpflichen Redner und Unterhalter, mit den Gebrüdern Wilhelm und Carl Mangold und August Müller, den nur vierseitigen und doch so vielseitig gebildeten, deren Verdienste um die Musik längst anerkannt, stehe ich in freundlichen Verbindungen.

Werthe Bekanntschaften unterhalte ich auch in Hanau, unter welchen die erste Stelle Musikdirektor Wilhelm Weins einnimmt. Intelligent und ein Grabaus wie alle Hanauer, dirigirt Weins einen vollstimmigen Männergesangverein, dessen Zöglinge mich alle Vater nennen. So bleibt das Verhältniß edel und freundlich. Auch meines wackeren Appun sei hier-

---

*) „Das Köhlermädchen", (componirt von Carl Mangold. „'s erste Busserl" u. A.

mit gedacht, deſſen muſikaliſche Kenntniſſe nur auch verdienten
ſich in ausgedehnteren Sphären zu bewegen. Auf allen In-
ſtrumenten praktiſch zu Hauſe, verſteht er eine Orgel zu bauen
wie er ſie ſpielt und iſt eben beſchäftigt eine Regel für gleich-
mäßige Temperatur der Stimmung feſtzuſtellen. Möge ſein
unſtäter Geiſt dieſe ſchwierige Aufgabe beſiegen! Auf mich
hält er beſonders viel, und wenn er mich überſchätzt, ſo iſt
das eine Sünde, die ich ihm gern verzeihe. Meine Verhält-
niſſe zu Offenbach habe ich berührt, und um nun mit Frankfurt zu ſchließen, ſei beſonders meines biederen Freundes, des
Profeſſor Gutermann gedacht, deſſen Familie mit der meinigen
gleichſam aufgewachſen iſt. „Semiramis" und „über den
Begriff und die Charaktere des Schönen" ſind
werthvolle Werke *) und als er mir an einem meiner Geburtstage den Leſſing in einem Bande mit der Ueberſchrift „Φιλος
φιλω **) verehrte, ſo erhält mein Herz und mein Kopf wohl
der Nahrung noch zur Genüge.

Mit Wilhelm Wagner ſtand ich in langjährigem freund-
ſchaftlichem Verkehr. Als er im Mai 1831 die Redaktion der
Didaskalia übernommen, erinnere ich mich noch recht wohl
der freudigen Aufregung, womit er dies Ereigniß pries, und
auch meine Mitautorſchaft ſich erbat. Daß ich dieſer Mahnung
gerne folgte, verſteht ſich von ſelbſt. Eine Reihe von Jahren
gab ich ſeiner jüngeren Tochter Anna Muſikunterricht, und
während vieler Feſtivitäten, die wir mit einander gefeiert, konnte
die Brüderſchaft nicht ausbleiben. Als das Licht ſeiner Augen
trübe geworden, war ich meiſt ſein Begleiter, und daß ich

---

*) Erſchienen dahier bei Schmerber.
**) Der Freund dem Freunde.

diese Pflicht getreulich erfüllt, sagt mir mein Gewissen. Gemüthlich heiterer, belehrender und stets vermittelnd war da
selten ein Gesellschafter, und selbst tüchtige Witzfunken ließ sein
Humor bei solchen Gelegenheiten gleich Raketen in die Luft
steigen.

Eine Hauptepisode solcher „humoristischen Studien" wird
immer das Rhein-Pfälzisch Dürkheimer Musikfest am 1. Juli
1841 bleiben, zu welchem ein wohllöbl. Comité uns beide
eingeladen, Wagner als Redakteur und mich als Dichter einer
von Aloys Schmitt componirten Festcantate „Huldigung der
Tonkunst", welche mit Eklat aufgeführt und am 2. Tage wiederholt werden mußte. Einen Orchester-Urlaub zu erhalten, hält
immer schwer, aber Wagner mußte sich zu helfen. „Leihen Sie
mir doch den Gollmick auf 3 Tage, lieber Guhr," sprach er
ungenirt. „Sie sollen ihn wohlbehalten wieder haben, und soll
auch das vice versa nicht ausbleiben." Wer konnte da wider-
stehen? wie es überhaupt gefährlich bleibt, einem Redakteur
etwas abzuschlagen. So segelten wir denn bis Worms, wo
uns dann die Extrapost in Empfang nahm, und uns in Forst
bei einem wohlhabenden Gutsbesitzer Herrn Riese absetzte. Wie
uns dieser Mann bewirthete, wie er uns die geheimsten Schlupf-
winkel seines Weinkellers zeigte, wie uns auch sein Schwager
Herr Laroche empfing, der in Dürkheim einen wahren Pallast
bewohnt, das Alles kann man nur empfinden. Die Episode
aber, als am 3. Tage, bei Gelegenheit des Volksfestes auf
der Bergruine, unser Freund mit Gewalt auf einen Hügel ge-
schleppt wurde, und sich dort nolens volens als politischer
Schwärmer auszeichnen mußte, war gewiß eines der pikantesten unserer Abenteuer. Dagegen fehlte es auch nicht
an gemüthlichen Momenten, als wir nach nächtlichem Gelage

in die Morgendämmerung hinausschauten und dem Gezwitscher der Waldbewohner lauschten. Wer war da heiterer und schwärmerischer als gerade Freund Wagner? ....

Die Präsidentschaft an unserem freitägigen Seitentischchen in der Bohemia*) ihm übergeben, wer vermochte dieselbe gemüthvoller und wieder vermittelnder zu leiten? ... Jetzt ist diese Präsidentschaft an mich übergegangen, aber die jetzigen Theilnehmer, die Herren van Essen, Liebel, Wackendorf, Richter u. A. ehren nichts destoweniger des früheren Präsidenten Andenken.

Wagner starb wie ein Philosoph. Kurz vor seinem Tode, am 20. December 1861, ließ er mich vor sein Bett kommen, reichte mir seine abgezehrte Hand und sprach mit leiser, aber fester Stimme die mir unvergeßlichen Worte: „Lebe wohl, mein Freund, Du hast mich oft geleitet und erheitert. Ich danke Dir dafür. Ich werde sterben, Du wirst mir folgen, ob früher, ob später — die Ewigkeit ist ja nur ein Moment. Bleibe meiner Familie, was Du mir stets warst, ein getreuer Freund und . . . ich kann nicht weiter, lebe wohl! Dabei drehte er sich gegen die Wand und schien mit sich selbst zu kämpfen.

So weit in nuce was sich von Wagner auf mich bezieht, obgleich ich noch vieles zu sagen hätte. Alles Uebrige findet sich in seinem Nekrolog, der kurz nach seinem Tode (eine Broschüre bei Heller und Rohm) erschien, und auch die Grabrede des Herrn Pfarrer Kalb enthält.

Meine langjährige Freundschaft mit dem Ingenieur Eduard

---

*) Weinwirth B. Böhm (jetzt dessen Wittwe) auf dem kleinen Rossmarkt.

Seifert datirt sich von dem Würzburger Sängerfest 1845, dem bald ein unvergeßlicher Ausflug nach Aschaffenburg folgte. Ein Kreis jugendlicher Juristen aus dem Baierlande, welche den trockenen Aktenstaub abzuschütteln sich hier durch Gesang und Poesie entschädigen wollten; ein nach griechischem Styl durch unseren freundlichen Wirth Dr. jur. Muck eingerichteter Salon; dann am folgenden Tage die himmlische Mainatur im grünen Busch und die Besichtigung des Pompejanum, so gehören solche Tage wohl auch zu denen von Aranjuez. Die eigentliche Tendenz dieser Musenfeier war die gesangliche Aufführung einiger der vorzüglichsten Nummern aus Jac. Muck's und meiner Oper „die letzten Tage von Pompeji", wobei mir die ehrenvolle Einladung wurde, die Pausen durch Vorlesungen aus dem Leben Mozarts auszufüllen. Die Stelle des Arbaces „Jone für Dich glüht meine Seele", durch Seifert's geistvollen Vortrag und Muck's Clavierspiel zur vollen Geltung gebracht, gab den Impuls zu der erwähnten Dekoration. Der ästhetische Sinn dieser Herren *) ließ dieses Fest, dem noch andere werthvolle Tonstücke beigefügt wurden, bis Tagesanbruch dauern, und brachte bei mir vollends den oft wiederholt ausgesprochenen Satz zur Reife: „Es giebt keinen Dilettantismus in der Kunst, will man aber über Stümperei

*) Wobei auch mehrere meiner intimeren und älteren Freunde anwesend und musikalisch thätig waren, unter diesen Appellationsgerichtsrath Marx (Bruder meines Lehrers M. Marx und früher in Würzburg), Rechtspraktikant Carl Marx (des Letzteren Sohn und ausgezeichneter Geiger), Buchhändler Krebs, Forstmeister Röttger, Dr. Bürchl, ein Sohn des früheren langjährigen Theaterbirectors Bürchl in Würzburg u. A.

8*

klagen, so gebrauche man das Wort Laie." Auf dieses Kapitel stützen sich mehrere theils im Manustript, theils im Druck
erschienene Abhandlungen, welche hier allerdings nicht Raum
finden können. Die Familie Stilgebauer, Wittwe und Söhne
(Ersterer dem Geistlichen-, Letzterer dem Kaufmannstande an-
gehörend), die theueren Reste der Familien Tomschitz, Wagner,
und Olff, uns durch viele trübe Erinnerungen gleichsam Schick-
salsverwandt, können niemals aufhören uns zu lieben.

Zum Schlusse ein Wort noch über Franz Liszt, weil ich
sein Genie und viel treffliches Gelingen bei mancher bizarren
Richtung an ihm hochschätze, und er mir jedesmal die Ehre
seines Besuchs gönnt, sobald er nach Frankfurt kommt. Es
ergötzte mich dann vorzüglich, wenn er, gleichwie mit Münch-
hausens zerschnittener Zunge mehrere Sprachen zugleich redete,
während ich mich allerdings mit dem Vorzug brüste, sie —
alle Sprachen — ein für allemal in's Deutsche zu übersetzen.
Eine umgekehrte Transcription also, die mir vielleicht
in seinen Augen eine gewisse Schätzung erworben haben dürfte.
Sein gastronomisch-parlamentarischer Salon ist dann auch mir
geöffnet, und es war dann nicht das erste Mal, daß ich mit
Gräfinnen und Fürstinnen die feinsten . . . . . Manilla's ge-
schmaucht hätte. Wie bei manchem Anderen, vergönnte auch
mir das Geschick ein sehr interessantes Zusammentreffen mit
ihm und Pischeck, das ich seiner Eigenthümlichkeit wegen:
„Matinée musicale aus dem Stegreife bei Wilhelm Speyer"
nenne, und hinterher auch drucken ließ *). Es war gerade am
Tage des heiligen Franziskus, als der berühmte Franz auf

---

*) Feldzüge und Streifereien im Gebiete der Tonkunst. Darm-
stadt bei Jonghaus. 1841.

seiner Reise nach München (es mag in den 40ger Jahren gewesen sein) mit mir bei Speyer zusammentraf. Auch hier muß
ich, um das Ganze nicht zu copiren, wieder auf mein Buch
verweisen, und will nur im Ganzen damit andeuten, daß
diese Matinée ein Decameron von Scherz und Laune, ein
improvisirter Austausch unserer Talente *) war, wie ihn der
Moment nur gebären konnte. Unter Andern legte Pischeck
auch Esser's „des Sängers Fluch" auf, den Liszt noch nicht
kannte. Ich freute mich schon heimlich, daß er nun in Ver-
legenheit kommen würde. Denn die Begleitung ist enorm
schwierig, und schon der poetischen Auffassung wegen möchte
ich Niemanden rathen, sich so mir nichts, Dir nichts hinzu-
setzen, als ob er ein: »sul margine d'un rio« vor sich hätte.
Aber nun fehlen mir die Worte. Ich hielt es bis jetzt nicht
für möglich, daß man gänzlich unvorbereitet bei enorm technischer Schwierigkeit so vollendet auffassen und produciren
könne. Ich kannte die Ballade bei ihrer Entstehung und vom
Museum her, aber so collossal ist sie mir noch nicht erschienen.
Wie ein Feuerstrom wälzte Liszt die Massen seiner Töne über
die Tasten hin. Technik, Tempi und Modulationen gleichzeitig
gebärend, den Sänger begeisternd und von ihm begeistert. Das
war die Wechselwirkung eines ächt poetischen Fluidums. Vor
einem tausendköpfigen Auditorium hätten beide Künstler nicht
ehrgeiziger singen und spielen können. Eine Steigerung er-
zeugte die Andere, und bei den Worten des Fluches „Weh
euch!" ergoß sich ein Schauer durch unsere Glieder. Wäre
doch Esser und der ehrwürdige Vater dabei gewesen. Als der

---

*) Auch das Meinige? Warum nicht? Ich trug meine Mono-
die vor.

Gesang zu Ende war, blieb Alles eine Zeit lang stille, denn es giebt Eindrücke, die sich nicht anders kund geben können. Pischeck's Wangen brannten, und gedankenvoll ließ er das Blatt sinken. Liszt blätterte noch etwas nach, einzelne Schönheiten citirend, dann mengte er Chocolade mit Caffee, ließ es kalt werden und meinte, das sei gut gegen Echauffement u. s. w. Ich aber glaube am besten mit diesem Passus zu schließen.

Nachdem ich mich nun breiter ausgelassen, will ich pflicht= schuldig auch solcher Personen gedenken, mit welchen ich durch flüchtigere oder vielmehr seltenere Anregungen durch Briefe, Reisen, selbst durch kleinere und größere im Leben so oft un= vermeidliche Conflicte in jedenfalls interessante Berührungen gekommen bin.

Nomenclatur in engerer Form

nebst einer kurzen Analyse der Familien Stein, Streicher und André.

J. A. Hammeran und Osterrieth, Herausgeber und Chef des Frankfurter Journals und der Ober=Postamts=Zeitung. Dabei attachirt W. Kellner, Karl Wagner*), Engel, Dr. Vogel, Eduard Sattler (†) (der gütige Protektor vieler meiner Schriften), Dr. Thomas, früher Mitarbeiter an der letzteren Zeitung. Weitere Redaktoren verschiedener hie= siger Zeitschriften: Stolze (Latern), Dr. Peiser (Frankfurter

---

*) Sohn von Wilh. Wagner.

Börsenblatt), Krebs-Schmitt (Anzeiger), Habermann (Volks-freund) *).

War es nicht sehr schwer mit Dr. Zirndorfer (Intelligenz-blatt) in Zerwürfnisse zu gerathen, so war ein »pater pec-cavi« von seiner Seite bei mir doch stets von versöhnlicher Natur.

Die Verlagshandlungen Brönner und Sauerländer.

Schriftsteller und Gelehrte!

Ebner (†) (Vater) langjähriger Freund W. Wagner's und Gründer des Frankfurter Beobachters, Gustav Oehler, lite-rarische Leihanstalt und früherer Herausgeber mehrerer Zeit-schriften. Wilhelm Meck, Buch- und Verlagshandel in Constanz.

Frau Birch-Pfeiffer, Frau Margaretha Pilgram-Diehl (die Herausgeberin schätzbarer Gedichte). Die Professoren Dehn und

---

*) Volksfreund, aber nicht der Meinige. Mit meinem Hand-lexikon der Tonkunst ging er und die Süddeutsche Musikzeitung (Schott) ganz unbarmherzig um. Ich weiß wohl, daß mein Werk — und nicht ohne Beziehung auf spätere eigenmächtige Correcturen und Kürzungen des Hrn. Joh. André — daß mein Werk Fehler hat und auf diese Art haben mußte, allein es liegt doch schwerlich in der Natur der Sache, daß einem größeren Werke auch nicht ein Vorzug gelassen werde. Mit Berücksichtigung auf die in der Vorrede meines Buchs ausgesprochene Tendenz, hätte mir eine loyale Kritik schon einige Concessionen einräumen dürfen, und auch dürfte etwas Lob den Ta-del schärfen. Das wäre klüger und mir schädlicher gewesen. Auch weiß ich wohl, daß mir diese Notiz bei dem Volksfreund, der sonst ein un-erschrockener Vertreter seiner Willensmeinung ist, keine Rosen bringen wird, aber das soll mich nicht hindern, mich hierüber frei auszu-sprechen.

W. H. Riehl *). Dr. Weißmann, Schlemmer, Dr. Drescher (Verfasser werthvoller musikalischer Abhandlungen), Th. Creizenach, Dr. jur. Hermann Ebner (Sohn des Obgenannten), Dr. philos. Tempel, Heribert Rau, Dr. med. Schwenk. Graf Rossi (durch manchen interessanten Briefwechsel). Der Schauspieler Seydelmann (†) (durch sympathetische Züge mit mir verbrüdert) und die Sänger Dettmer und Tichatschek.

Privatgelehrte: August Fresenius, Sauerländer (Neffe des Obgenannten) und Hermann Juncker.

Mir sehr befreundete Personen aus verschiedenen Ständen bezeichne ich wohl am besten durch die Herren Senator: Supf (vide Theil I, pag. 108), Georg Hoppe, bei der königl. hannover'schen Gesandtschaft. J. B. Camozzi (Architekt), langjähriger Freund meiner Familie. Dondorf, berühmte lithographische Anstalt. Die Herren Buzzi (als Mitgründer des neuen Saalbaus) und Renninger, alten Musikern aus der Periode Bernard in Offenbach noch wohl erinnerlich und mit Hochachtung zu gedenken. Karl Lattmann, Privatmann und gebildeter Musiker, meiner eigenen Bildung durch nützliche Gespräche stets förderlich. So, mit ihm in der herrlichen Natur des Taunus erhebende Momente.

Und endlich die Tonkünstler: Fr. Schneider (†) aus Dessau, Cantor Rink (†) aus Darmstadt. H. W. Stolze, Organist aus Celle **). J. C. Lobe (Theoretiker und Componist). C. F.

---

*) Ersterer Archivar der letzten Könige von Preußen, Letzterer durch seine musikalischen Schriften, namentlich seine Charakterköpfe, seine Vorlesungen über geschichtliche Literatur u. s. w. bekannt.

**) Ich bin im Besitze eines Catalogs vieler gediegenen, meist oratorischen Werken aus Stolze's Feder.

Becker und Franz Brendel in Leipzig *). Ernst Methfessel aus Winterthur. J. F. Kittl (Direktor des Prager Conservatoirs und Componist mehrerer Opern). Lindpaintner (†). Marschner (früher im Briefwechsel mit ihm gestanden). Jean Bott und J. Bischoff (die ersten Stipendiaten der Mozartstiftung). Aloys Schmitt, Hofkapellmeister in Schwerin, des berühmten Vaters würdiger Sohn. Mein Verhältniß zu ihm stets freundlich durch Gegenbesuche. Besonders interessant ein Zusammentreffen mit ihm und Spohr in seines Vaters Haus, wo tüchtig musicirt wurde. Auch hier zeigte sich Spohr's Loyalität, wenn es galt, junge Talente aufzumuntern, (mit alten war er bekanntlich nicht immer so rücksichtsvoll). Der Meister, dem Jünger die Hand reichend, sprach zu ihm die denkwürdigen Worte: „Ihr Spiel hat mir große Freude gemacht, denn Sie bewahren mit einem geistvollen Vortrag die gesunde Form, und das will in unserer kränkelnden Zeit viel sagen!"

Die Milanollo (Therese und Maria (†) **). Thalberg, Moritz Haupt (nach Moskau übergesiedelt). Hektor Berlioz (hierüber folgen spätere Nachrichten). Henry Vieuxtemps, Siebentopf und Bockmühl, beide anerkannnt geschickte Cellisten, Letzterer Dilletant. Fräulein Sophie Seibt, meines alten Freundes, eines städtischen Beamten, talentvolle Tochter und Direktrice eines gemischten hiesigen Gesangvereins, feierte im vergangenen

---

*) Mit dessen neuer Zeitschrift ich nicht mehr in der alten Verbindung stehe!

**) Mit deren Familie ich in genaue Verbindung gekommen, indem ich das jüngste Knäblein aus der Taufe hob, und mein Sohn Adolph als Pianist mit der Familie auf Kunstreisen ging. Herrliche Talente diese kleinen Enterpen, aber in der Familie ein verschwenderisch wüstes Treiben.

Oktober ein 25 jähriges Künstlerjubiläum. Eine eigenthümliche und doch achtbare Erscheinung hier den Dirigirstab selbstständig schwingen zu sehen. In Bezug auf Composition (sie studirte bei guten Meistern) giebt Fräulein Seibt ihrer Gesellschaft bedeutenden Aufschwung, und berechtigt im oratorischen Satz zu weiteren Hoffnungen.

Die älteren und neueren Musikverlagshandlungen Th. Henkel und Schott (Filiale des Mainzer Hauses) und Leopold Lichtenstein, neues, in großem Schwunge stehendes Pianoforte-Lager. Endlich Professor Schindler, ami de Beethoven (†). Aber »de mortuis nil nisi bene«.

Anhang.

Kurze Analyse der Familien Stein, Streicher und André.

Da diese Familien in so verzweigter Verwandtschaftsverbindung mit einander stehen, gebührte wohl ein erläuterndes Wort darüber, und will ich mich diese neue Mühe nicht verdrießen lassen.

Stein, Joh. Andr., ein würdiger Schüler Silbermanns und seiner Zeit berühmter Orgel- und Instrumentenmacher zu Augsburg, geb. 1728 zu Hildesheim (Pfalz), starb daselbst 1792. Von seiner Erfindung ist die Melodica, die Saitenharmonika, das Clavecin, der Doppelflügel und — von noch größerer Wichtigkeit — die Hammerauslösung. Seine Erfindungen erhielten durch seine Tochter Nanette und seinen Sohn Andreas, die nach Wien übersiedelten (1794) und dieselben vervollkommneten den Namen „Wiener Mechanismus". Stein's Flügel, weil sie Mozart's Lieblingsinstru-

mente waren, wurden „Mozarts=Flügel" genannt. Nanette
Stein (zu Augsburg 1769 geboren) war dabei ausgezeichnete
Pianistin und Sängerin. Sie erlebte die Freude, ihren Sohn
(J. B. Streicher) mit der Tochter von A. André vermählt
zu sehen (starb 1833).

Streicher, Andreas, geb. 1761, war ein Zögling der
Karlsschule und begleitete Schiller auf dessen Flucht. Nachdem
er sich in Frankfurt und München von Unterrichtgeben kärg=
lich ernährt, heirathete er in Augsburg Nanette Stein und
etablirte in Wien die berühmte Clavier=Fabrik, Firma: Na=
nette Streicher, geb. Stein. Sich nur mit dem Gedeihen seiner
Kunst beschäftigend, gründete er „Die Gesellschaft der Musik=
freunde des österreichischen Kaiserstaates", wodurch das Con=
servatorium entstand, und trug durch Errichtung von Gesang=
schulen vieles zur Veredlung des Kirchengesanges bei. Nach
dem Tode seiner Gattin übergab Streicher seinem Sohn Jo=
hann Baptist das große Geschäft. Er starb 1833. J. B.
Streicher, Hofclaviermacher in Wien, brachte, wie allgemein
bekannt, das Etablissement zur höchsten Blüthe *). Der erste
Preis auf der Wiener Gewerbausstellung 1835 und ver=
schiedene Verdienstmedaillen ehrten ihn; mehr jedoch die Ach=
tung, die seine Instrumente in der ganzen Welt genießen. Seine
Gattin, A. André's Tochter, verlor er leider schon in der
Blüthe ihrer Jahre.

André, Johann, geb. am 28. März 1741 zu Offen=

---

*) Ueber dies Etablissement habe ich Ausführliches berichtet, wie
auch in den vierziger Jahren einen Aufsatz über die neue Gattung
von Patent=Flügeln von Nanette Streicher und über die neuen Mo=
zart=Flügel von A. André. (Berliner Musik=Zeitung im Sept. 1854.)

bach. Nebst seiner Bestimmung als Kaufmann enthusiastischer
Musiker. Mit Göthe in freundlicher Beziehung. Durch die
Composition von dessen Operette „Erwin und Elmire" gewann
er den Ruf als Musikdirektor des deutschen Theaters in Berlin. Schrieb an 30 Opern, eine Menge Sonaten und Lieder,
unter letzteren die Musik zu dem von M. Claudius gedich-
teten Rheinweinlied: „Bekränzt mit Laub u. s. w." Historisch
bemerkenswerth: Bretzner schrieb den Text zu „Belmonte und
Constanze" für ihn (1780). Gegeben wurde die Oper zu
Berlin am 25. März 1781 und siebenmal mit Beifall wiederholt. Mozart's Oper gleichen Namens erschien am 12. Juli
1782 zu Wien, mit Textzusätzen von Stephani. Auch war
André Gründer des bekannten Musikalien-Verlags zu Offenbach; starb am 18. Juni 1799.

André, Johann, Anton, des vorigen Sohn; geboren
am 6. Oktober 1775. Großh. Hessischer Kapellmeister und
Fürstl. Isenburgischer Hofrath. Schon als Knabe große Ge-
schicklichkeit im Generalbaß, später wackerer Violinist, Pianist
und Sänger. In Mannheim als Dilettant Mitglied des
Theater-Orchesters. Sein Lehrer auf der Violine: Fränzl.
1790 Rückkehr nach Offenbach, woselbst Orchesterdirektor einer
Schauspielergesellschaft. 1792 erneuerte Generalbaßstudien unter
Vollweiler in Mannheim. 1796 hörte er Vorlesungen über
Aesthetik in Jena. 1799 kaufte er einen großen Theil des
Nachlasses der Mozart'schen Manustripte von dessen Wittwe
(siehe dessen thematischen Katalog, Offenbach 1841). Nach
großen Reisen heimathliche Niederlassung, wo sein Haus ein
wahres Pantheon der Tonkunst. Besitzer werthvoller Gemälde
und Bildnisse der ersten Tonkünstler. Als Verleger großes
Verdienst in der Herausgabe klassischer Werke und Vervoll-

kommnung der Steindruckerei. An Gerber's Tonkünstler-Lexikon Mitarbeiter, und für die Aechtheit des Mozart'schen Requiem endlicher Schiedsrichter. Von seinen zahlreichen Compositionen sind hervorstechend: Opus 32 „Sprüchwörter für 4 Singstimmen", seine Lieder und Gesänge, 3 Hefte (Muster deklamatorischen Gesangs), Op. 10. Flötenconcert, ein Doppel-Conzert für Violinen und Cello, und mehrere Violin-Quartette. Werthvoll seine Sinfonieen, namentlich aus es-dur. Sein Lehrbuch der Tonsetzkunst, 3 Bände (Offenbach 1832) verdient allgemeine Verbreitung. Seine Opern: „Die Weiber von Weinsberg". „Rinaldo und Alcina" sind, wie andere treffliche Werke, ad acta gelegt. Starb am 6. April 1842.

André, Karl, ist Besitzer der bekannten Musikalienhandlung und Piano-Fabrik in Frankfurt a. M. und zeichnet sich aus durch eine enthusiastische Verehrung Mozart's, weshalb er sein Etablissement „Haus Mozart" und seine Flügel „Mozartflügel" nennt. Die vielseitigen Beziehungen, in welchen die Familie André zu Mozart und dessen Werken von jeher gestanden hat und noch steht, dürfte solches rechtfertigen.

André, Julius, studirte bei seinem Vater die Composition, und legte seine gewonnenen Kenntnisse in verschiedenen Werken für die Orgel, den Gesang und das Clavier nieder. Auch sind von ihm viele Arrangements der besten Werke guter Meister, zu vier Händen bearbeitet, erschienen. Gesundheitsrücksichten bestimmten ihn, sich nicht ganz der Tonkunst zu widmen, welcher er jedoch den größten Theil seiner Musestunden opfert.

André, August (Firma: Johann André), Besitzer des seit circa 77 Jahren bestehenden Musikalien-Verlags in Offenbach, und Herausgeber des Werkchens, woraus diese Notizen entnommen.

Andrè, J. B., der Jüngste der Brüder, wurde geboren am 7. März 1823, studirte unter Aloys Schmitt Clavier, bei Keßler Theorie und bildete sich bei Taubert und Dehn in Berlin aus. Von seinen vielen Clavier= und Gesangcompositionen zeichnen sich seine religiösen Lieder aus, wovon er ein Heft (bei Bote und Bock erschienen) der Königin von Preußen gewidmet hat. Auch schrieb er einige Opern für Privattheater, die er jetzt für die große Bühne umarbeitet.

Noch eine gewichtige Serie von Freunden die in Verbindung mit mir standen und noch stehen (die Componisten meiner Libretti), finden sich am Schlusse des 3. Theils in dem Verzeichniß meiner Werke aufgezeichnet.

Ich wiederhole, daß das schöne Geschlecht in den Bereich meiner Forschungen zu ziehen ein allzu gewagtes Unternehmen sein würde, indem man in die Gefahr gerathen könnte, — mehr wie es bei Männern der Fall ist — zu viel oder zu wenig zu beschauen und wieder zu erzählen. Jedenfalls dürften meine harmlosen drei Theile zu einer Chronik anschwellen, wofür ich meine Leserinnen bewahren will.